情報化社会のビジネスマナー

●社会に出てからあわてないために

Business Manners

切田節子 著

近代科学社

- 本書の複製権・翻訳権・譲渡権は株式会社近代科学社が保有します。
- JCLS ＜(株)日本著作出版権管理システム　委託出版物＞
  本書の無断複写は著作権法上での例外を除き禁じられています。
  複写される場合は、そのつど事前に(株)日本著作出版権管理システム
  (電話０３−３８１７−５６７０，ＦＡＸ０３−３８１５−８１９９)
  の許諾を得てください。

■まえがき

　まず、この本を開いてくださったことを感謝します。この本は、これから社会に出ていく方々や、社会に出たばかりの方々を対象に書いたものです。また、指導する立場にある方々にも参考になるようにと意図しています。

　この本の主題は「ビジネスマナー」ですが、一般的なマナーの実用書とは異なる2つの特徴があります。

　ひとつ目の特徴は「情報化社会における」というタイトルでも分かるように、コンピュータを初めとする情報技術を基盤とした社会を意識していることです。1990年代の後半から、現在の社会は「情報化社会」と呼ばれてきました。もちろん、「ビジネスマナー」が変わるわけではないのですが、情報技術に関連するマナー違反が目立つようになりました。それに伴って人間関係にも影響が出てきているように思います。

　情報化社会とは、どんな社会なのかを理解しながら、情報化社会だからこそ必要な心がまえを理解していただきます。また、情報化社会に生きるために必要な基盤となる知識も学べるようにと考えています。

まえがき

　ふたつ目は、いわゆる方法論（How To）だけを書いたものではなく、本質的な意味合い、つまりWhat（何なのか？）やWhy（どうして必要か？）を理解した上で実行していただくことを目指している本だということです。"それって、どういうこと？"と思われる人もいるかもしれませんので、具体的にお話ししましょう。

　実用書というものは、「どのようにするのか（How To）」を教えてくれるマニュアルです。たとえば、初めて会ったかたに名刺を渡すには、どのようにすればよいのか、ビジネスでの電話を受けたときには、どのような言葉で話せばよいのか、といったことが分かります。これらの作法を勉強することは、とても大切なことです。社会に出る前には、誰もが身につけるべきことだからです。

　しかし実際に社会に出てみると、マニュアル通りにいかないことが多々あります。作法や形式だけしか勉強していないと、とっさの時にどうしてよいのか分からなくなり混乱してしまうものです。マニュアルに書いていない場面には、どう対応してよいのか分からないからです。しかし、もし本来の役割を理解していれば、自分で考えて判断し、適切な行動をとることができるものです。

　たとえばポケットに手を入れたとたんに、名刺入れを家に忘れてきたことに気づいたとしましょう。もし名刺の渡し方だけを勉強していたら、かなりあわててしまうに違いありません。しかし名刺は何のためにあるのかを理解していれば、あわてる必要はありません。

まえがき

　名刺はビジネス上でのお付き合いをするための道具です。氏名や電話番号などの情報を知らせ、お互いに相手のことを覚えることで人間関係を結ぶことができます。昔は名刺などありませんでしたが、立派にビジネスが成立していました。「ビジネス上での人間関係を結ぶきっかけ」という名刺の目的を理解していれば、心配する必要はありません。

マニュアルは
数ある道具のひとつ

マニュアル人間は
ロボットのように
命令を実行する

自分で考える人間は
マニュアルを使って
考えながら実行する

　「申し訳ありません。名刺を切らしております」と落ち着いて説明し、名前や住所、電話番号などを書いた紙を名

まえがき

刺代わりにするか、あるいは後ほどお送りする約束をするなど、いろいろな方法を考えることができます。

　もちろん名刺を渡すには、それなりの礼儀があり作法があります。できればスマートに渡したいものです。ですから、「マニュアル」は必要です。しかし「マニュアル人間」は必要ありません。マニュアル人間は、マニュアルに使われている人間です。この本の読者には、自分で考え、自分で判断し、必要なときに適切にマニュアルを使う社会人となっていただきたいと願っています。

■はじめに

　本書の中に入る前に、全体の構成を説明します。まず、全体像を眺めて、必要に応じて読んでいただくためです。目的とする木を見つけるためには、森全体を見る必要があるからです。また読んでいる途中で、自分の位置が分からなくなったときにも役立つはずです。森の中に入る前に、地図や磁石を確認するようなものです。

　本書は、2部に分かれています。第1部は、本書の主題である「情報化社会のビジネスマナー」についての記述です。第2部は、その背景として必要になる「情報関連の基本知識」についての記述です。

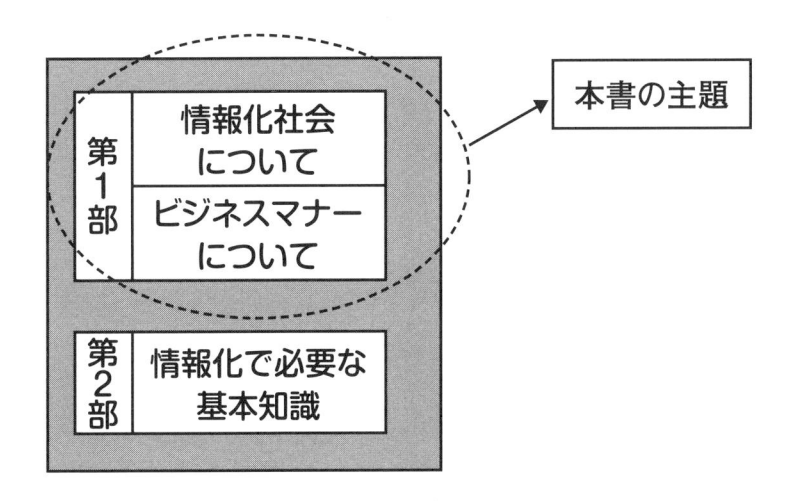

```
┌─────────────────────────┐
│  ╭──────────────╮       │
│  │第│ 情報化社会  │      │→ 本書の主題
│  │1│  について   │      │
│  │部├───────────┤      │
│  │  │ビジネスマナー│      │
│  │  │  について   │      │
│  ╰──────────────╯       │
│  ┌──┬──────────────┐    │
│  │第│ 情報化で必要な│    │
│  │2│  基本知識    │    │
│  │部│              │    │
│  └──┴──────────────┘    │
└─────────────────────────┘
```

　第1部は、さらに「情報化社会」と「ビジネスマナー」と大きく2つのテーマに分けられます。「情報化社会」の部分は3章に分かれています。まず、私達が生きている「情

はじめに

報化社会」とは、どんな社会なのか、自分の言葉で説明できる程度に理解していただきたいと思います。次に、変化していく社会の中で、変化するものと変化しないものとを分類できる力をつけていただきたいと考えています。

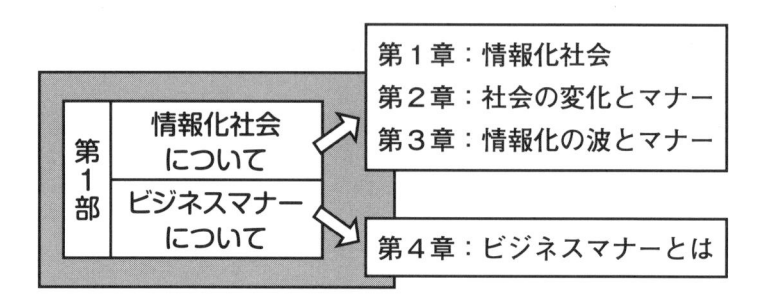

```
┌─────────────────────┐    ┌──────────────────────┐
│第│ 情報化社会      │──▶│第1章：情報化社会      │
│1 │ について        │    │第2章：社会の変化とマナー│
│部│                 │    │第3章：情報化の波とマナー│
│  │ ビジネスマナー  │──▶│第4章：ビジネスマナーとは│
│  │ について        │    │                      │
└─────────────────────┘    └──────────────────────┘
```

「ビジネスマナー」の部分は、第4章です。「マナー」を守ることが、ビジネスにおいてどれだけ重要であるかを理解していただくことを意図しています。第1部を読み終わった時点で、仕事への取り組み姿勢ができ、社会人としての心構えを持っていただければ、本書の目的が達成されたといえるでしょう。

第2部は、3章に分けて、背景となる基本知識を説明しています。情報関連の知識を持っているかたは、第1部で

```
┌─────────────────────┐    ┌──────────────────┐
│第│ 情報化で必要な  │──▶│第5章：情報の信頼性│
│2 │ 基本知識        │    │第6章：情報の流れ  │
│部│                 │    │第7章：情報の表現  │
└─────────────────────┘    └──────────────────┘
```

終えていただいてもかまいません。もちろん、再確認のために第2部にも目を通していただければ幸いです。

　第2部を読んでいただきたいのは、"コンピュータ"とか"情報技術"、"インターネット"、"デジタル"などという言葉を聞くだけで敬遠する人々です。確かに急激に普及しはじめたこれらの言葉に抵抗を感じて、拒否したい気持ちになることもあるでしょう。しかし、ご心配になる必要はありません。ここで説明しているのは、非常に常識的な基本知識だけです。

　現在の日本のような車社会で生きていくためには、たとえ運転をしなくとも、信号や横断歩道など、常識的な交通ルールを知っておく必要があります。それと同じように、情報化社会の中で生きていくためには、たとえ携帯電話もパソコンも使わない人でも、基本的な知識が必要なのです。

　第2部を読み終えたときに、今まで抵抗を感じていた言葉に親しみを持っていただき、コンピュータに対する親愛感を少しでも持っていただければ、第2部の目的は達成されたといえるでしょう。

　それでは全体像が分かる図をもう一度眺めてから、早速第1部第1章から読み始めてください。

はじめに

第1部	情報化社会について	→	第1章：情報化社会 第2章：社会の変化とマナー 第3章：情報化の波とマナー
	ビジネスマナーについて	→	第4章：ビジネスマナーとは
第2部	情報化で必要な基本知識	→	第5章：情報の信頼性 第6章：情報の流れ 第7章：情報の表現

情報化社会
ビジネスマナー

■目次

まえがき	i
はじめに	v

第1部：情報化社会におけるビジネスマナー

第1章　情報化社会 …………………………………… 1

- 1.1 **情報化社会とは** …………………………… 2
  - 情報化社会の特徴 …………………………… 2
  - 情報が溢れている社会 ……………………… 3
  - 情報が溢れているという実感 ……………… 4
  - 情報化社会を支える技術 …………………… 5
  - 第1節のポイント …………………………… 9
- 1.2 **情報とは** …………………………………… 10
  - 情報という言葉と概念 ……………………… 10
  - 情報の価値 …………………………………… 12
  - 第2節のポイント …………………………… 14

第2章　社会の変化とマナー ………………………… 15

- 2.1 **マナーの道しるべ** ………………………… 16
  - 情報倫理 ……………………………………… 16
  - 情報技術の影響の大きさ …………………… 17
  - 倫理の受け渡し ……………………………… 19
  - 道しるべのない道 …………………………… 20
  - これからの道しるべ ………………………… 21
  - 第1節のポイント …………………………… 23
- 2.2 **変化するものと変化しないもの** ………… 24
  - どんぶりのたとえ …………………………… 24
  - トッピングが異なるケース ………………… 26
  - トッピングが同じケース …………………… 28
  - バランス感覚 ………………………………… 30
  - 第2節のポイント …………………………… 33
- 2.3 **マナーの実践** ……………………………… 34
  - 自分の器（うつわ） ………………………… 34
  - マナーの知識と実践 ………………………… 37
  - マナーの達人 ………………………………… 39

目次

　　　　　　　第3節のポイント……………………………… 41
第3章　情報化の波とマナー ……………………………… **43**
　3.1　**コンピュータという道具**………………………… **44**
　　　　　　　情報化の波………………………………………… 44
　　　　　　　人間にとっての道具 ……………………………… 45
　　　　　　　道具の落とし穴 …………………………………… 48
　　　　　　　人間にしかできないこと ………………………… 50
　　　　　　　第1節のポイント………………………………… 53
　3.2　**情報化の波を泳ぐための心得**………………… **54**
　　　　　　　マナーの基本的な心得…………………………… 54
　　3.2.1　**自分の身は自分で守る** ……………………… **55**
　　　　　　　ユーザIDとパスワードの管理………… 55
　　　　　　　プライバシーの管理……………………… 56
　　　　　　　「無料」などの甘言に注意……………… 57
　　3.2.2　**自分以外の他人を傷つけない**……………… **57**
　　　　　　　コミュニケーションの3要素…………… 58
　　　　　　　欠けている部分の補足 …………………… 59
　　3.2.3　**人間関係を大切にする**……………………… **62**
　　　　　　　よい人間関係が犯罪を防ぐ……………… 62
　　　　　　　人間関係が被害を拡大させない………… 63
　　　　　　　匿名でも人間性を失わない……………… 64
　　　　　　　第2節のポイント………………………………… 66
第4章　ビジネスマナーとは ……………………………… **67**
　4.1　**「マナー」と「ビジネスマナー」**………………… **68**
　　　　　　　第1節のポイント………………………………… 71
　4.2　**ビジネスに結びつく「ビジネスマナー」**…… **72**
　　　　　　　マナーを無視すると、大きな損失が生じる… 72
　　　　　　　ビジネスマナーで売り上げが伸びる…………… 73
　　　　　　　ビジネスマナーでコストが下がる……………… 75
　　　　　　　マナーが動機づけ要因の原動力となる ……… 78
　　　　　　　第2節のポイント………………………………… 82
　4.3　**「マネー」と「マナー」**…………………………… **83**
　　　　　　　お金について考える ……………………………… 83
　　　　　　　お金で買えるものと買えないもの……………… 85

		お金の"過食症"にも"拒食症"にもならない····85
		何を基準にするか····87
		法律という基準····88
		マナーが節度の基準になる····90
		人間としての品格····91
		第3節のポイント····93
	4.4	**ビジネス（仕事）について**····**94**
		仕事は辛いのか····94
		辛いが、楽しい····95
		黒白つけない····97
		仕事を選ぶ3要素····99
		第4節のポイント····102

第2部：情報化社会で必要な基本知識

第5章	**情報の信頼性**····**103**	
5.1	**価値の判断**····**104**	
	観察力と判断力····104	
	情報の選択····105	
	第1節のポイント····107	
5.2	**情報の信頼性を高める方法**····**108**	
	発信元を確認する····108	
	過去の事例から学ぶ····112	
	事実と意見とを区別する····112	
	外装にとらわれない····114	
	他の人の意見を聞く····115	
	第2節のポイント····116	
第6章	**情報の流れ**····**117**	
6.1	**情報の「収集」「処理」「発信」**····**118**	
	ビジネスの世界を流れる川····118	
	情報の流れ····118	
	第1節のポイント····120	
6.2	**情報の収集**····**121**	
	水質検査をする····121	
	自分で蛇口をひねる····124	
	本や新聞を読む····125	

目次

　　　　　　第2節のポイント……………………………… 128
　　6.3　情報の処理………………………………………… 129
　　　　6.3.1　記憶する……………………………………… 130
　　　　　　紙という記録媒体……………………………… 130
　　　　　　電子的な記録媒体……………………………… 130
　　　　　　電子媒体の欠点………………………………… 131
　　　　6.3.2　考える………………………………………… 135
　　　　　　計算する………………………………………… 135
　　　　　　「計算」以外の「考える」……………………… 136
　　　　　　人間の考える能力……………………………… 138
　　　　6.3.3　処理の仕方…………………………………… 140
　　　　　　すばやく処理する……………………………… 140
　　　　　　正確に処理する………………………………… 142
　　　　　　正確に処理するための姿勢…………………… 145
　　　　　　第3節のポイント……………………………… 146
　　6.4　情報の発信………………………………………… 147
　　　　　　言葉を通じて発信する………………………… 147
　　　　　　川を汚さない…………………………………… 149
　　　　　　第4節のポイント……………………………… 152

第7章　情報の表現………………………………………… 153
　　7.1　デジタルとアナログ……………………………… 154
　　　　　　"デジタル"と"アナログ"という言葉…… 154
　　　　　　本質と表現方法………………………………… 155
　　　　　　アナログ表現…………………………………… 158
　　　　　　デジタル表現…………………………………… 160
　　　　　　デジタル方式の品質向上……………………… 162
　　　　　　表現方法の特徴………………………………… 164
　　　　　　第1節のポイント……………………………… 165

おわりに………………………………………………………… 167
あとがき………………………………………………………… 169
索引……………………………………………………………… 171

装丁デザイン・イラスト／中カット　中浜小織

第1部

第1章

情報化社会

この章のねらい

1. 「情報化社会」の特徴を知り、情報化社会に生きていることを自覚する。

2. 「情報」の概念を理解する。

3. 情報化社会の基盤には、情報技術の発展があることを確認する。

1.1 情報化社会とは

情報化社会の特徴

「情報化社会」とは、どんな社会でしょうか。特に疑問を持たずに使っている言葉だと思いますが、いざ"どんな社会？"と聞かれて、きちんと説明できる人は多くありません。納得のいく理解が得られるか、どうかは別として、自分自身が生きている世の中のことですから、分からないままにせずに、是非、一度ご自分で調べてみてください。

広辞苑では、"情報が物質やエネルギーと同等以上の資源とみなされ、その価値を中心にして機能・発展する社会"と定義されています。また、インターネットのフリー百科事典「ウィキペディア（Wikipedia）」では、"情報を扱う諸活動が顕著であることを特徴とする社会のこと"となっています。他にも、現代用語辞典の類を調べてみると、いろいろなことが分かります。多くの場合、「情報化社会」の定義というよりも、情報化社会の特徴が詳細に述べられています。それらの特徴を読んでみると、頭の中で概念が整理されることと思います。

1.1 情報化社会とは

ここで「情報化社会」の特徴をまとめてみましょう。

- 情報が大量に身の周りに溢れている
- 情報を扱う活動（生産、収集、整理、伝達など）が顕著である
- 政治、文化、経済などが情報技術を中心に動いている
- 情報が、人々の意思決定や行動に影響を与える
- 基盤として、情報技術（コンピュータやネットワークなど）が不可欠である

情報が溢れている社会

「情報化社会」では、"情報が『空気のように』大量に身の周りに溢れている"という表現が、よく使われます。しかし、「空気」よりも「水」や「電気」にたとえたほうが理解しやすいと思います。「空気」は、人間が何も努力しなくても、昔から自然のままで身の周りに溢れているものでした。ここが情報とは異なる点です。「水」や「電気」は、実際には昔からあったのですが、手に入れるのも、利用するのも困難でした。人間の知恵と努力の結果、スイッチひとつで簡単に入手できるようになりました。そういう意味で、「情報」と同じように考えることができます。

情報化社会では、ほんの数年前までは得るのが困難だった情報が、簡単に得られます。旅行に行くときの経路や運賃も、どこかの劇場の催し物も、欲しいと思っている品物の値段や売っている場所も、インターネットを使えばすぐ

に得ることができます。電話で問い合わせたり、時刻表を紐解いたりする必要はありません。

　現在の社会では、何もしなくても新聞やテレビ、本や各種のコマーシャルなど多くの情報が溢れています。さらに、必要なときには、蛇口をひねって水道の水を得るのと同じように、クリックするだけで情報を得られるのです。このような状態が、"情報が身の周りに溢れている"状態です。

情報が溢れているという実感

　"情報が溢れている"社会に生きているからといって、それを実感して生活している人は少ないと思います。

　人間は、便利さに慣れてしまう特徴があり、"溢れている"状況に置かれると、それが欠乏していたときを忘れてしまいます。スイッチひとつで電気がつき、蛇口をひねれば水もお湯も欲しいだけ得られる環境に生まれ育った人間にとっては、電気も水も身の周りにあるのは"当たり前"のことになりました。大地震などの災害に遭遇し、水や電気の不足を経験して初めて"当たり前"のことが、実は非常に"貴重なこと"だと気づくのです。

1.1
情報化社会
とは

　情報に関しても、全く同じことがいえます。溢れているからこそ、"当たり前"のこととなっているのです。

情報化社会を支える技術
　ではなぜ、まるで水道水のように簡単に情報を得ることができるのでしょうか。人手で情報を集めたり、伝達したりしていたら、絶対に不可能なことです。当然のことながら、むずかしい技術や知恵、仕組みなど、基盤となるものがあるはずです。
　たとえば、東京から大阪に出かける場合、インターネットで新幹線の時刻を簡単に調べることができます。さらに新幹線に間に合うには、何時に家を出ればよいのか、などの情報も得ることができます。
　こんな簡単な作業ですが、考えてみると多くの技術や仕組みに支えられていることが分かります。コンピュータの専門知識がない人にとっても、以下のような基盤となるものがあることは、すぐに理解できることでしょう。

- コンピュータ
- 簡単に操作できる仕組み
- ネットワーク（インターネット）
- データベース

第1部 第1章
情報化社会

　まず何といってもコンピュータが必要ですね。この程度の操作なら携帯電話でも可能ですが、携帯電話も立派なコンピュータです。いずれにしても、コンピュータや携帯電話などの、ハードウェアが必要です。

　しかも、ただ在ればよいというのではなく、専門的な知識を持たずに、誰でも簡単に操作できるような仕組みが必要となります。コンピュータと利用者（ユーザ）との間で情報を表示したり、入力したりする仕組みを"ユーザインターフェース"といいます。幼稚園児からお年寄りまでも簡単に操作できる携帯電話は、非常に優れたユーザインターフェースを備えているといえるでしょう。

　次に必要なものとして考えられるのは、インターネット

1.1 情報化社会とは

でしょう。インターネットは、24時間、365日、世界中で使用できるネットワークのことです。こんなことができるようになったのは、情報のありかを示す情報（リンク情報）が、まるで蜘蛛の巣のように地球を覆っているからです。そこで、インターネットは、"ウェブ（Web：「蜘蛛の巣」の意味）" とも呼ばれています。

　ネットワークは、目に見えない糸で結ばれているだけでなく、すばやくデータを転送する仕組みや、途中でデータが壊れたり紛失したりしないような仕組み、あるいはデータが盗まれないような仕組みなど、多くの技術に支えられて、うまく動いています。

　この場合、時刻表を調べるわけですから、新幹線やその他の電車の時刻表など、必要なデータがどこかに蓄えられているはずです。膨大なデータを保管する場所を、まるで「データの基地」のようなので、"データベース" と呼んでいます。データベースは、単にデータを保管するだけではありません。そこには、必要なときに必要な部分を即座に取り出せるような仕組み、常に更新して新しい状況にしておく仕組み、データが壊れたり盗まれたりしないようにする仕組みなどが備わっています。

　水道の蛇口をひねるときに、その背景の技術を知る必要がないのと同様、新幹線の時刻表を調べるときにも、コンピュータやインターネットに関する専門知識は不要です。しかし、こうして少しだけ背景の仕組みを考えただけでも、その技術は大変なものだと気づくはずです。

第1部 第1章
情報化社会

　水道を引くために苦労した人の伝記を読んだことがありますか。血と汗が流され、時には多くの命が失われました。同様に、今の情報化社会を築くためには、多くの人々の努力と苦労があるのです。

多くの人々の努力と技術力に支えられている

　ネットワークでつながれた複数のコンピュータを操作するのは、大変むずかしいことでした。初期のネットワークでは、得られる情報も少なく、さらに高額な回線使用料を必要としました。ユーザインターフェースひとつ捉えてみても、多くの人々が知恵を出し合い、失敗を重ね、試行錯誤の結果、やっとできたものなのです。

1.1 情報化社会とは

　コンピュータのことを"人類の英知の粋を集めた最大の発明"という人がいますが、真実を表している言葉といえるでしょう。その恩恵を甘受している私たちは、たとえ専門的なことは理解できなくても、そうした人々の苦労や努力を忘れてはいけないと思います。

第1節のポイント

- 情報化社会の特徴を、一度は自分で調べてみることが大切である。
- 情報化社会では、情報が溢れている。
- 情報化社会は、多くの情報技術によって実現されている。
- 情報化社会では、背景となる技術を知る必要なく、恩恵を受けることができる。

1.2 情報とは

情報という言葉と概念

　第1節で、情報化社会では、「情報」が身のまわりに溢れていることを学びました。ここで「情報」について、少し考えてみましょう。

　頻繁に使われる言葉なので、いまさら"情報って何？"という疑問は持たないかもしれませんが、実はこの言葉は比較的新しいものです。一説によると、初めて「情報」という言葉を使ったのは森鷗外だそうです。これには異議を唱える人もいて、もっと古く引用された例もあるようですが、いずれにしても一般的に使われたのは、明治以降です。

　「情報」という言葉は、よく考えてみると不思議な気がしませんか。「情報」の「報」は、"報告"、"通報"などに使われ、「知らせ」を意味しますが、「情」は"感情"、"人情"のように「人の気持ち」を表す言葉です。どうして、「情」という字を使ったのでしょう。森鷗外に聞いてみないと分かりませんが、「情」には"本当の"、"真実の"という意味があるのです。そう考えると、本来、情報は"真実"を意味し、"嘘の情報"はありえないといえます。

1.2
情報とは

　「情報」は明治以降に生まれた言葉ということですが、それ以前には「情報」という概念はなかったのでしょうか？いいえ、太古の昔から人々は「情報」を得ることによって生き延びてきたのです。

情報を持つものが生き延びた

　たとえば、狩猟民族にとって、獲物の多い地域を知ることや、動物が移動する季節を知ることは、大切な「情報」でした。農耕民族にとっては、移り変わる季節を知ることや肥沃な土地の場所を知ることは、重要な「情報」でした。
　戦国時代には、敵の情報を先に得たものが勝利しました。

第1部 第1章
情報化社会

時代劇を見ると、忍者や隠密が活躍します。彼らの主な仕事は、情報収集でした。平和な時代にも、野菜の旬を知ったり、安い店の場所を知ったり、おいしい調理法を教えあうなど、多様な情報が生活をより豊かにしました。

人類の歴史から、多くの情報を得た者が、生存競争という戦いに勝ってきたという事実を、学ぶことができます。「情報」という言葉はなくても、概念としての「情報」は確実に人々を動かしていたのです。

情報の価値

"多くの情報"というと、量が重要な気がしますが、量さえ多ければよいということではありません。"価値ある情報"が重要なのです。情報量と価値とは、単純に比例するものではありません。これも水と同じに考えると、分かるでしょう。

水が貴重だった時代、雨水を溜めて利用したり、風呂の水を利用して洗濯したり、お米のとぎ汁を植木に撒いたり、1滴の水も無駄にしないようにと工夫したものです。ところが、蛇口をひねるだけで簡単に水を得られるようになると、今度は簡単に水を捨てるようになりました。シャワーを流しっぱなしでシャンプーを使うことが日常的に行われ、大量の水が消費され、大量の水が汚染されました。

1.2
情報とは

　「情報」も同じ状態です。図書館で1日かけて調べたり、足を棒にして古本屋を回ってやっと手に入れた情報は、大切なものでした。無駄にしないように、その情報をフルに生かしたものです。

　ところが現在、クリックするだけでインターネットから多くの情報が手に入ります。もちろん、情報が多いということは、水が豊富であるのと同様、大変すばらしいことです。しかし、多すぎる情報は、洪水と同様、何の役にも立ちません。ためしに「情報化社会」というキーワードを、

多すぎる情報は洪水を引き起こす

インターネットで検索してみると、なんと約1330万件もの情報が提供されました。この中から自分の必要な情報まで絞り込んでいくのは至難の技です。

　情報は、使うことによって初めて価値がでるものです。使わない情報は、図書館に収めておいてもよいのです。私達一人ひとりが、いつも図書館を背負っているかのように、情報を身の周りに置く必要はありません。

第1部 第1章
情報化社会

第2節のポイント

- 「情報」という言葉は、明治以降に作られた言葉である。
- 言葉は新しいが、「情報」の概念は、太古の昔からあった。
- 情報の量とその価値は比例するとは限らない。
- 情報化社会では、情報が豊富であるが、一方で無駄使いをしている。

第1部

第2章

社会の変化とマナー

この章のねらい

1. マナーの「道しるべ」を見つける。
2. 文化や時代、状況によって変化するものと、決して変化しないものを区別する。
3. 変化する社会の中で、自分の技量でマナーを実践する方法を見つける。

2.1 マナーの道しるべ

情報倫理

　私達が暮らす情報化社会では、今までのマナーとは異なる特別なマナーがあるのでしょうか。それとも今までと同じなのでしょうか。

　「マナー」と同じように使われる言葉に「倫理」があります。特に最近、「情報倫理」という言葉が新聞などでも使われるようになりました。

　「倫理」という言葉を辞書で引いてみると、"人倫のみち。実際道徳の規範となる原理。道徳。（広辞苑）"、"行動の規範としての道徳観や善悪の基準（三省堂：新明解国語辞典）"とあります。人として守るべき道を意味します。

　この言葉の頭に「情報」がつく「情報倫理」とは、情報を扱う上で必要とされる倫理のことです。つまり、情報化社会で守るべき倫理のことで、厳密には違いがありますが、「情報モラル」、「情報マナー」とほぼ同じ意味に使われています。

どんな社会でも守るべき道がある

情報技術の影響の大きさ

　情報技術を悪用したときに、「情報倫理が守られていない」といわれます。たとえば、社会保険庁の職員が、単なる興味から芸能人や国会議員の年金など個人情報を盗み見るという事件がありました（2005年12月）。

　この場合は、3,000人以上の職員が処分されるという事件になりましたが、たとえ処分されなくても、職務上、閲覧できる情報を、興味本位で見ることは、人としての道からはずれている、すなわち「倫理」にもとる行為です。"できること"と"してもよいこと"とは異なります。他人の手紙や日記を、断りもなく見るのと同じです。

　社会保険庁の具体例を聞いても、"コンピュータによる犯罪"なんて無関係だと思う人もいるかもしれません。"職場でコンピュータは使っているけれど、悪用するほどの知識もないから、情報倫理に反するわけはない"とは思わないでください。レベルは異なりますが、日常生活の中でも同じようなことが起きているのです。

　たとえば、軽い気持ちで"友人の悪口を言う"という例を考えて見ましょう。人の口から口へと伝達される場合は、すぐに反省して"ごめんなさいね、悪かったわ！"と謝れば済むかもしれません。しかしコン

第1部 第2章
社会の変化とマナー

ピュータという道具を使ったら、どうでしょう。

　Webの掲示板やブログ（weblogの略：個人やグループで運営される日記のようなページのこと）に載せてしまった悪口は、一瞬のうちに世界中に広まってしまう可能性があります。一度広がった悪い印象を消すことはできませんから、その被害は甚大なものになります。"ちょっとしたいたずら心"で済まされるものではありません。

あっという間に、地球の裏側に届いてしまう！

　実際に、こうした被害に合っている人々は多くいますし、それが犯罪に発展する場合もあります。小学6年生の児童が嫌なことを書かれたという理由から、カッターナイフで友人を殺してしまった事件は（2004年6月）、誰もが驚いたものです。こんなときにも、"情報倫理の再教育を！"と、「情報倫理」という言葉が使われます。

　第1節で学んだ「情報化社会の基盤」である"コンピュータ"、"ネットワーク"、"データベース"などの情報技術（IT：Information Technology）は、人類のすばらしい発明品ですが、悪用すると、思わぬほど大きな被害が生じるということなのです。

2.1
マナーの
道しるべ

　原因は同じでも、その結果の大きさに驚くことがあります。想像以上の被害に、今までの概念では理解できないような気がしてきて、"私達の時代とは違います"、"もう昔のマナーは通用しません"などと大人たちが嘆いている様子を、テレビや新聞で見ることがあるでしょう。

　確かに、次々に報道される事件に、人として守るべきマナーや倫理が、時代とともに変わってしまったような気持ちになるのは当然かもしれません。

　コンピュータのない時代には存在しなかったことですから、誰も"やってはいけない"と前もって注意することができないのです。犯罪が起きて、被害者が出て、初めて"そんなことが、できてしまうのか"と気がつき、あわてて"こうあるべきです"と注意するような状態が、今の"倫理不在"の世の中といえるでしょう。

倫理の受け渡し

　人類の長い歴史を振り返ると、倫理やマナーを教えるのは"大人"と呼ばれる人々でした。祖父母や両親、教師、隣のおじさんやおばさん、時には村の長老が、人として生きる道を教えてきました。生活の方法から、人と人との係

わり合い、人としてやるべきことと、やってはいけないことなど、いはば「人生の道しるべ」が、先に生まれた者から次の世代へと受け渡されました。

　しかし今、これほど目まぐるしく変わる世の中で、"大人"達の多くは、倫理についても、マナーについても発言する機会が少なくなってしまいました。核家族化によって家庭内でのお目付け役が減少し、職場では実力主義の進展で助言者が少なくなりました。こうした現象に加えて、今までの倫理やマナーなどでは解決できないことが起き、若者達に助言する自信がなくなってしまったことも原因のひとつと考えられます。あるいは、"うるさい"と言われるのを恐れて、助言することを放棄しているのかもしれません。いずれにしても、"大人"にとっては、自分達の経験が未来に役立たないのは悲しいことです。また"若者"にとっても過去の経験を指針にできないのは辛いことです。

道しるべのない道

　残念ながら、どんな世の中にも悪い人はいます。しかし、今の状態は、本来は悪意をもっていないのに、いつの間にか犯罪に巻き込まれてしまうようなことが起きてい

2.1 マナーの道しるべ

ます。罪もない人が犯罪の被害者になるのは悲劇です。同様に、本来は悪い人でないのに、悪の道に足を踏み入れてしまうことも悲劇です。道しるべのない山道を手探りで進んでいくような状態では、うっかりと道を踏みはずすことがあるのは、当然ともいえます。

　これでは世の中は、悪いほう、暗いほうへと進んでいくことになってしまいます。しかも、コンピュータを中心とするITという有能な道具のために、マナー崩壊に加速度がついて進んでいってしまいそうです。

これからの道しるべ

　この流れを止めるには、どうしたらよいでしょうか。今この社会に生きている私達一人ひとりが考えなければならない問題です。

　ひとつは、社会の担い手である若者達が、新しい道に、自ら「道しるべ」を立てることではないでしょうか。急激な変化についていける若者こそが、その役目を果たすことができるのです。そのためには、ITについての知識も技術も必要ですし、社会の仕組みを勉強することも必要です。

僕らの道には、自分達の力で倫理の道しるべをたてよう!

第1部 第2章
社会の変化とマナー

わしらも示そう！今来た道を！
若者達の未来のために

　もうひとつは、経験豊かな"大人"達が、「変化しないもの」つまり、本来あるべき人の道（倫理）を、きちんと教えることではないかと思います。それが"大人"達の次世代への責任なのですから。

　確かに、マナーも倫理も変化しますが、変化しないことも多々あります。たとえば先ほどの例で考えると、"友人の悪口を言う"という行為は、100年前も今も、そして将来も変わることなく、悪いことなのです。インターネットやWeb掲示板は、その方法でしかありません。どんなに世の中が変わっても、"嘘をつく"、"騙す"、"盗む"、"裏切る"、"約束を守らない"などが悪いことであるという根本は、全く変わらないのです。

　時代によって、国によって、社会によって、あるいは色々な条件によって、変わっていくものと、人間の歴史の初期から変わっていないものとを、きちんと区別していく必要があります。"古い"の一言で、すべての「道しるべ」を捨て去るのではなく、時代が変わっても役立つ「道しるべ」を大切にする必要があります。

2.1 マナーの道しるべ

第1節のポイント

- 情報化社会では、犯罪の被害は甚大になる可能性がある。
- 適切な「道しるべ」がないため、悪意がないのに、道を踏み外してしまうことがある。
- 情報化社会になって出てきた新しいことに対しては、時代に敏感に反応する若者が新たな「道しるべ」を立てることが重要である。
- 永遠に変わらない倫理については、経験豊かな大人たちが指針を示す必要がある。

2.2 変化するものと変化しないもの

どんぶりのたとえ

　前節で、「変化するもの」に対しては、今の時代に生きる若者たちが、自ら「道しるべ」を立てることが大切と述べました。また「変化しないもの」に対しては、経験豊かな大人達が道を示すことが重要だと述べました。しかし、"変わるものと変わらないもの"、"変わってよいものと変わってはいけないもの" を明確に区別することは、大変むずかしいことです。

　誰もが共通に理解するために、"どんぶり物" をたとえに説明しましょう。唐突に感じるかもしれませんが、ご存知の "どんぶり物" を、頭に描いてみてください。

　"牛どん"、"カツどん"、"親子どん"、"鰻どん"、"海鮮どん"、"天どん"、"鉄火どん"、"ウニどん"、"イクラどん"、ちょっと頭に描いただけでも、ずいぶん多くの種類があります。すべて「どんぶり物」ですが、ほとんど共通点のないものもあります。

　たとえば、"海鮮どん" は、"マグロどん" とは似ていますが、"カツどん" とは似ていません。全く別の種類のも

2.2 変化するものと変化しないもの

のといってもよいでしょう。しかし、すべてが"どんぶり物"というカテゴリーに含まれるのです。

"どれが一番好き？"と聞かれても1つだけを選ぶことができない人も多いと思います。運動した後でお腹がペコペコの状態では"カツどん！"という人も、疲れて食傷気味のときには、さっぱりとした"海鮮どん"を選ぶかもしれません。体調や状況によって、選択するものは変わります。1つだけを「よい」と決めることができないことも、"どんぶり物"の特徴といえます。

さて、マナーに話を戻す前に、"どんぶり物"の特徴をまとめておきましょう。

- すべて"どんぶり"という器に入っている
- 下は白いご飯である
- バラエティに富んだ多くの種類がある
- どれが"一番よい"とは決められない
- 状況によって好みが変わる

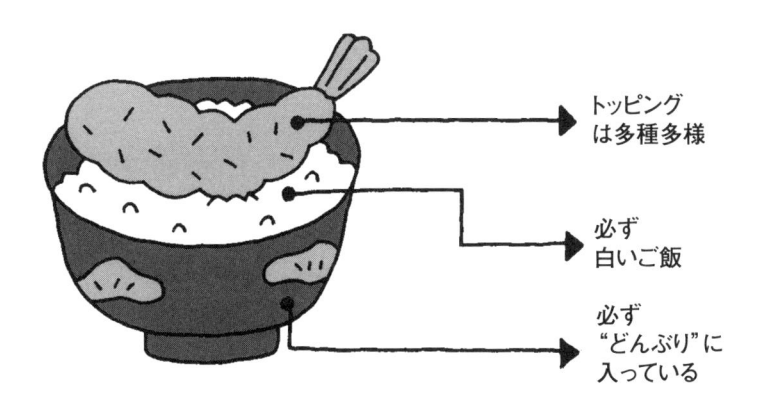

トッピングは多種多様

必ず白いご飯

必ず"どんぶり"に入っている

マナーを"どんぶり"という器と考えてみてください。その器の一番下に必ず入っている"白いご飯"が、時代や国が変わっても永遠に変わらない"人の道"、倫理です。そして、トッピングの部分、これが、時代や国によって変わるものと考えてください。

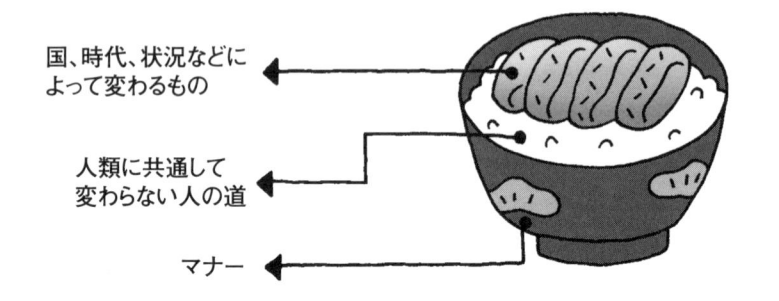

国、時代、状況などによって変わるもの
人類に共通して変わらない人の道
マナー

"常識"といわれるものが、国や時代、あるいは状況が変わると"非常識"になることは多々あります。具体的な例を考えてみましょう。

トッピングが異なるケース

日本では、結婚式やお葬式ではお祝いやお香典として「お金」を包んで当事者に渡すのが常識的な作法です。しかし他の国ではどうでしょう。日本に住んだばかりのアメリカ人が、父親の訃報に友人からお香典が届いてショックを受けた、という記事が新聞に載っていました。日本の慣習を知らない外国人にとっては、人生の辛いときに「お金」を渡すなんてことは友達として非常識であり、親友と思っていた人に裏切られたような気持ちになったそうです。

2.2
変化するものと
変化しないもの

　これは、ちょうど"カツどん"から見ると"海鮮どん"が非常識と感じるようなものです。熱々の湯気が出ているようなカツどんからは、冷たい生の魚をトッピングにするなんて、信じられないことに違いありません。全く別の種類の"どんぶり"として認識しなければ、お互いに理解することができないように異種の物同士なのです。

　しかし、先のエピソードの主も日本の習慣を知った後は、訃報にいち早くお香典を届けた気持ちを十分に理解したそうです。なぜなら、全く異質の行為の一番下には"白いご飯"、すなわち、友人の痛みを一緒に分かちあうという、どこでも共通の友情や信頼があったからです。

トッピングが同じケース

　反対の場合の例もあります。いつの時代でもお年寄りを騙す悪人がいるものです。最近では「このままでは地震が起きたら危ないですよ」と、さもお年寄りの身を心配しているような口調で近づき、多額の工事費で必要のない耐震工事をした悪徳業者が逮捕されたというニュースがありました。他にもお年寄りの大切な貯金が騙し取られる事件も後を絶ちません。

　これらの事件の共通点は、お年寄りがすっかり騙されるほど、礼儀正しく、親切で、にこやかで、好感が持てる人が犯人だったということです。騙されたことを知った後も、"本当によくしてくれた人です"とか"娘や孫より、ずっと親切でした"と証言する場合もあります。

　上から見ても横から見ても立派な"海老天どん"に見えるのに、実は"天どん"でなく"天ぷら蕎麦"だった場合にたとえることができます。

　器に手を触れると暖かく、揚げたての天ぷらが美味しそうです。"どんぶり"という器は透明ではありませんから中が見えません。すっかり"天どん"だと信じて箸をつけてみたら、大きく立派な天ぷらの下にあるのは、"白いご飯"ではなく、"蕎麦"だった、というわけです。

2.2
変化するものと
変化しないもの

　もちろん、"天ぷら蕎麦"も美味しい食べ物ですし、今お腹がすいている人は"天ぷら蕎麦もいいなぁ"と思ったかもしれません。それは、うわべの親切な言葉（天ぷら）にまどわされて、目にみえない心の中の親切心（白いごはん）がないことに気づかない状態と同じです。

　天ぷら蕎麦は"どんぶり物"ではありません。天どんと天ぷら蕎麦は、似て非なる物なのです。一番大切な基本となるべき"白いごはん"が欠けているのです。

同じ？

ごはん
蕎麦

似て非なるもの

　トッピングを立派にすることだけ一所懸命になって、基本となる白いご飯を忘れたら、"どんぶり物"というカテゴリーから外れてしまいます。時代や国によって変化しないものであるはずの"白いご飯"を失ったり、"蕎麦"に

変えたりしてしまったら、"マナー"や"倫理"の基本が不在になるのと同じです。

　たとえ情報化が進んで、今と異なる世の中になっても、基本となる"白いご飯"をなくしてしまうようなことのないように注意していかなければなりません。

　また、このような世の中で被害を受けないように生きていくためには、実際に目で見えなくても、どんぶりの底にあるものを察知する敏感さを養っていかなければいけないことも忘れてはいけません。それが、自分自身の身を守ることになるはずです。

バランス感覚
　一番大切なのが「白いご飯」ならば、そこだけを重要視していればよいのかというと、そうではありません。なぜなら"どんぶり物"には、トッピングが必須だからです。それがなければ、単なる"ご飯"でしかありません。

　それでは、トッピングは何でもよいのでしょうか。冒頭で思い浮かべた"どんぶり"に、多種多様な種類があっ

2.2 変化するものと変化しないもの

たことから、「何でもよい」と言うことができるでしょう。しかし、それぞれのトッピングの部分には、かならず決まりがあり、それなりの美学があるのです。そこが重要な点といえます。

　"海鮮どん"では、味や彩りを考えながら、具を並べていきます。"牛どん"には紅ショウガがつきものです。"天どん"では海老の尻尾がピンと張るようにと飾りつけます。それが"どんぶり物"の文化です。

　トッピングの部分は、国や時代あるいは状況によって変化するものだと述べましたが、それぞれの文化や風習と考えることができます。文化や風習は、他の国の人々から見ると、意味なく思えることがあります。明確な理由を説明できないものもあります。しかし、文化が築かれるまでには、それなりの歴史があり、背景があります。"どうして、牛どんに紅ショウガなの？"と聞かれても答えられないのと同じです。

　誰でも一度は"そんなみっともない格好して！"と、出かける前に母親に小言を言われた経験があるかと思います。そんなときには、きっと"大切なのは、格好ではなく、中身だ"と反発したことでしょう。しかし、全員が正装している結婚式に、破れたGパンは場違いです。"祝福する気持ちに変わりがない"、つまり"白いご飯はきちんとしている"と言っても、トッピングの部分がアンバランスでは周囲の人々に迷惑がかかってしまいます。

第1部 第2章
社会の変化とマナー

　"海鮮どん"の刺身の間に熱々のカツを乗せたら、せっかく活きの良い刺身に熱が通ってしまいます。「カツ」も「刺身」も、お互いの長所を壊しあい、どちらもダメージを受けます。1つの種類の"どんぶり"の中では、ルールや決まりがあるのです。それが別の種類の"どんぶり"には全く通じないルールであっても、意味があるのです。

　トッピングは時代によって変化する部分ですから、現在生きている私達が変えられる部分です。時には、時代に合わせて変える必要があるでしょう。その場合、その"どんぶり"に中で受け入れられる素材であるかどうかを見極めて、新しい材料を使っていく必要があります。それがバランス感覚というものです。バランスを取りながら、新しい素材を乗せて、より豊かなトッピングに変化させていく方法は、多くの人に受け入れられるものとなります。

　たとえば、電子メールや携帯メールが普及した現在、郵便よりメールのほうが便利な場合があります。時代に合わせてメールを使うことは適切ですが、メールに慣れていない人に、いきなり顔文字を使ったりすることは、マナー違反になってしまいます。相手によっては、郵便のほうが良い場合もあります。メールという新しい素材を、多くの人に受け入れてもらえる"どんぶり"にするのは、使用する人の心遣いであることを忘れないようにしましょう。

> 2.2 変化するものと変化しないもの

第2節のポイント

- マナーには、「変化するもの」と「変化しないもの」とがある。
- 文化や時代、状況によっては、全く異質と思えるマナーがある。
- マナーの基本には、共通して変わらない人の道がある。
- 文化や習慣は変えることができるが、バランスを取りながら変化させていく必要がある。

2.3 マナーの実践

自分の器（うつわ）

　持って生まれた才能や技量を、「器（うつわ）」ということがあります。「さすが、社長の器である」と褒め言葉に使われたり、反対に「社長の器でない」と批判するときに使用します。

　今まで述べてきた"どんぶり"も、別の観点から眺めてみると、食事をするための器であると同時に、人の器にたとえることができます。

　"カツどん"の具を乗せた後に、気が変わってトッピングを取り去っても、その後に刺身を乗せることはできません。すでに"どんぶり"の白いご飯には、カツの匂いや汁が染み込んでいるからです。いったん"カツどん"となった"どんぶり"は、もはや別の"どんぶり"にはなりません。

　マナーを実践するには、自分の器である"どんぶり"を見極める必要があります。"もっとお金持ちだったら、親切ができる"、"この会社でなかったら、もっと働く"などと考えることは簡単ですが、現実的ではありません。"女だったら"、"男だったら"、"美人だったら"、"才能があったら"、"別の国に生まれてきたら"……

2.3 マナーの実践

　自分の身の周りを眺めると、いくらでも"もし"を続けていくことができますが、何の益にもなりません。今から"どんぶり"を変えることができないのと同じです。

　たとえば"もう少し背が高く、美人に生まれついたら、もっと幸せになれるのに"と、外見に固執する人がいます。では、努力すれば背は高くなりますか？　努力すれば美人になりますか？　答えは"ノー！"です。「"どんぶり"の種類が違う！」と考えてください。そこは、変えられない部分なのです。

　では、永遠に幸せにはなれないのでしょうか？　その答えも"ノー!"です。自分の器である"どんぶり"の中で、変えられるものを変えていくことができるはずです。

　醜さゆえに"泥かぶら"と呼ばれた少女が、通りすがりのお坊さんから「美しくなる方法」を教わり、やがて"ほとけのように美しい子"といわれるようになったという話（「泥かぶら」真山美保作）は、まさに自分の器を見極めた上で努力することの大切さを示しています。ちなみに、「美しくなる方法」とは、「自分の顔を恥じないこと」「どんなときにも、にっこり笑うこと」「人の身になって思うこと」の３つを守ることです。

　誰でも今の瞬間を生きていますが、振り返ると、生まれてから今日までの歴史があるはずです。よい思い出ばかりではないかもしれません。一度も悲しい思いや苦しいときを過ごさずに生きてきた人はいません。同様に、誰もが嬉しいときや楽しい時間を過ごしたことがあるはずです。喜

怒哀楽のすべてを含めた自分の過去です。そのすべてが、今の自分を作ってきたのです。こうして培われてきた自分を見直すことが、自分の器（うつわ）を理解することにつながります。

　どんなに"変えたい"と思っても、過去を変えることはできません。今から変えられるのは「未来」だけです。しかも未来ならどんな変更も可能かというと、そうではありません。生まれた国を変えることも、生んでくれた親を変えることもできません。"カツどん"を"海鮮どん"に変えられないのと同様、自分の"白いご飯"に染み込んだ匂いと汁を無視して、新しい未来を築くことはできません。

　マナーは、私達の生活をより豊かにするものですが、今の自分の器、つまり自分の才能、財産、健康などあらゆる状況をよく見極めておかないと、豊かさを実感として味わうことはできません。

自分の器をよく見極めよう

　"変えられるもの"と"変えられないもの"を明確にすることが大切です。変えることができないものに固執したり、"ない物ねだり"をしても、豊かな未来を切り開くことはできません。"変えられるもの"を、より豊かに変えていく努力が必要です。

情報化社会への変化という大きな流れの中で、"変化するものと変化しないもの"、"変えてよいものと変えていけないもの"を区別すると同時に、一人の人間である自分個人の狭い世界の中でも、"変えられるものと変えられないもの"とを区別することが、重要なことなのです。

マナーの知識と実践

　敬語やマナーの検定試験があることを、ご存知ですか。「日本常識力検定協会」が毎年行っている試験で、日常生活における常識度を測り、1級から3級までのランクがあります。「常識力」ですから、マナーだけでなく、「社会生活における知識と教養」を測るものですが、企業や学校で採用するところが増えているそうです。

知識は大切！
でも身につけることは
もっと大切！

　「常識」というものは、本来は勉強したり、検定して等級を決めたりするものではありません。しかし、家庭では祖父母や父母が、学校では教師が、また会社では上司が、「常識」を教えなくなった現代では、こうした勉強も検定も必要なことかもしれません。

　しかし、たとえ1級に合格したとしても、それだけでは頭脳に蓄えられる「知識」でしかなく、実践しているとはいえません。まして、"身につく"こととは全く違います。社会人になったばかりの人々が「マナー」のマニュアルを

第1部 第2章
社会の変化と
マナー

読んで勉強し、その通りに実行しているのに失敗することがあります。これも、検定の例と同様、知識の習得だけで終わってしまうからです。

　頭では重要だと理解していても、最初は「ありがとう」、「ごめんなさい」の言葉も出なかったり、口ごもったり、声が小さすぎて相手に聞こえなかったり、という失敗をするものです。後になってから"もっとハキハキといえばよかった"、"もっと大きな声でいうべきだった"と、後悔します。これは、知識が横滑りしている状態です。

　学問とは異なり、本を読んだり、講義を聞いたりして得た知識だけでは役立たないのが、マナーです。

　本当に"身につく"と、頭で考えたり、とまどったりせずに、自然に体や口が動くものです。頭で覚えることと、体全体で覚えることの違いです。マナーの実践は、体全体に染み込んだ知識や情報を、体全体で表現することなのです。

**身につくと、
自然に体や口が動く**

　日常生活の多くの場面で、知識を活用して実践してみましょう。失敗したり、後悔したりしながら、少しずつ身につけていくことが必要です。だんだんと後悔することが少なくなり、自然に「ありがとう」や「ごめんなさい」が言えるようになってきます。

2.3 マナーの実践

マナーの達人

　この節の最後に「マナーの達人」について触れておきます。多少今まで述べたことと重複する点がありますが、再確認しておきましょう。

　世の中には「マナー」に関する実用書はたくさんあります。また、マナー講座を開いている教育機関も多々あります。そこでは「達人」という言葉が使われていることがあります。皆さんも、この本を手にしたときには、マナーの達人になりたいと思ったかもしれません。

　果たして、世の中に「マナーの達人」はいるのでしょうか。今までの"どんぶり物"のたとえで分かるように、すべての"どんぶり"に共通する「マナーの達人」は存在しません。小笠原流の礼儀作法を教える教授も、茶道の先生も、ある特定の流派の中での「達人」、つまり「プロ」ではありますが、別の世界では通用しないことがあります。

　同様に、学校の中で通用したマナーは、ビジネスの世界では通用しない場合がありますし、日本で通用するマナーが、別の国では通用しないこともあります。その点をきちんと理解していないと、心得違いをしてしまう可能性があります。

　"どんぶり物"で、最初に目につくのはトッピングです。味わう部分も主にトッピングです。国や時代によって変わるトッピングの部分は、大きな要素です。

　「マナー」も同様で、最初に目につくのは、国や時代によって変わる部分です。破れたＧパンや金髪に染めた頭に眉を

第1部 第2章
社会の変化と
マナー

ひそめる大人たちは、"白いご飯"の部分ではなく、トッピングの部分に違和感をもっているのです。同じように、背広にネクタイや堅苦しい挨拶を否定する若者達も、トッピングの部分で拒否反応を起こしているのです。

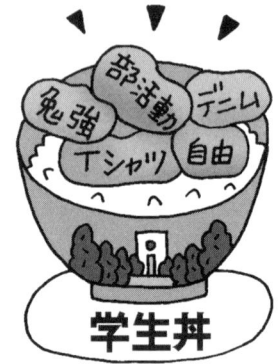

ビジネス丼　　学生丼

　ビジネスの世界に足を踏み入れたばかりの社会人一年生にとっては、トッピングに違和感を覚える場合も多々あることでしょう。このときには、マナーの実用書が参考になるはずです。教師や上司、先輩、そして家族の中の年上の人々の意見を聞くことも大切です。
　美味しいトッピングの汁が、ほんの少し白いご飯に染み込んだ、一番美味しい状態の"どんぶり"こそ、「マナー」が身についた状態であり、その世界のマナーの達人といえます。トッピングに目を向けながらも、白いご飯の存在を意識してマナーを学んでいけば、きっとビジネスの世界でもマナーを実践して生きていけます。

第3節のポイント

- 自分の器（うつわ）を知った上で未来を切り開くことが重要である。"ない物ねだり"をしない。
- 知識や技術だけを学んでもマナーを身につけることはできない。自然に体が動くように日々実践することが必要である。
- すべての世界で通用する「マナーの達人」はいない。
- 社会人一年生は、"白いご飯"の意識を持ちながら、ビジネス丼の"トッピング"を充実させることが大切である。

第1部

第3章

情報化の波とマナー

この章のねらい

1. 情報化社会の基盤である「コンピュータ」という道具について考える。
2. 情報化の波に飲み込まれないための基本的なルールを学ぶ。

3.1 コンピュータという道具

情報化の波

「情報化社会」は、"どんぶり物"にたとえると、斬新で新しいトッピングが登場したようなものです。実際に、若者向きの新しいレストランなどで、"ステーキ丼"、"フォアグラ丼"など、従来考えられなかったような"どんぶり物"がメニューに並んでいることがあります。串にさしたまま焼き鳥を並べた"焼き鳥丼"に、「どうやって食べるのかしら？」とびっくりすることもあります。それらは、ある意味で"どんぶり革命"といえます。

情報化社会にも「革命」という言葉が使われています。「革命」という言葉は、「農業革命」、「産業革命」、「工業革命」など、社会の組織や体制が急激に変わったときに使われる言葉です。これらの革命の中でも「情報革命」は一番急激だといえるでしょう。

人類の長い歴史からみると、「情報化」の波は、まるで津波のように突然起こりました。コンピュータの歴史はた

3.1
コンピュータ
という道具

かだか100年程度、しかも実用化されたのは20世紀の半ばです。実用化といっても、最初は軍事目的でごく限られた一部の人々が使っているだけでした。ビジネス目的に使われるようになったのは、1960年代、20世紀の後半です。いわゆる高度成長を支える大きな原動力となり、コンピュータの技術開発も盛んに行われました。

　今では多くの人が持っている「パソコン」の登場は1980年代ですが、最初は高価で、使い勝手が悪く、一般人が使用するものではありませんでした。1990年代になって、安価で誰もが使い易いコンピュータが出現し、インターネットの普及とともに、子供からお年寄りまで、また世界中で使用されるようになりました。

　キーワードを入れると、瞬時に情報を得ることができる検索エンジンと呼ばれるソフトウェアの発展とともに、今では誰でも簡単に必要な情報を取り出すことができます。これは、ほんの10年程度のことですから、まさに大津波のようなものといえるでしょう。

人間にとっての道具
　新しいトッピングは、今までに味わったことのないものだったため、人々は夢中になり、われ先にと自分達の生活に取り込みました。社会の情報化は、確かに人類に多くの恩恵をもたらしました。しかし一方では、あまりに斬新なトッピングに、人々はとまどい、迷い、目がくらみ、いつの間にか"白いご飯"を見失う状況もでてきました。

第1部 第3章
情報化の波とマナー

　具体例としてパソコンや携帯電話を使ったメールを取り上げてみましょう。メールはコミュニケーションの道具として便利であることは事実ですが、口頭での会話と同じように考えて、かえって人間関係がギクシャクとしてしまうという現象も起きています。たとえば、返信がすぐに来ないからといって友情を疑ったり、回線の都合で届かなかったメールに怒ったり、宛先の指定を間違って秘密にするべきことが漏れたり、新聞や雑誌の投書欄などには、こうした日常の出来事が毎日のように読者から寄せられています。

　こうした小さな現象が重なってくると、"諸悪の原因はコンピュータ"と考える人々が出てきました。犯罪が巧妙化したことも、精神的に病む人が増えてきたことも、地球環境が悪くなったのも、すべては急速な技術革新が原因で、その代表としてコンピュータが槍玉にあがってしまいます。"テレビが悪い"、"携帯が悪い"、"コンピュータが悪い"と責任を転嫁する意見が大手を振っています。

　しかし、コンピュータは道具です。道具を使うべき人間が、いつの間にか道具に使われてしまって、今度はその道具を責めるなんて、考えると滑稽なことです。かなづちに八つ当たりする気持ちは分かりますが、責任はやはり人間にあります。

道具を責めるのはおかしい！

3.1 コンピュータという道具

　人間は、毎日の生活の中で、より便利に、より効率よく道具を改善してきました。道具が乏しい時代、人々は水を飲むにも川や泉まで歩いていかなければなりませんでした。大変な労力を強いられただけでなく、そのために人々の間には争いが起きました。悲しい思いや苦しい思いをしながら、"誰でも簡単に利益を得られるように"と道具が発明されてきたのです。初めて水道が引かれて、家の中でも水を飲むことができたときに、どれほど嬉しかったことでしょう。ロウソクや松明ではなくて、家に電気が灯ったときに、どれほど感激したことでしょうか。

　もし、現在の道具を否定するならば、どこまで遡っていけばよいのでしょうか。現代の一番便利な道具であるコンピュータを否定するのであれば、最初の水道も最初の電気も否定しなければならなくなってしまいます。それでは人類は、原始時代から一歩も前進することはできません。たった1杯の水を争うことなく、こんなに豊かな生活ができる現代人が、その豊かさの基盤となっている道具を、どうして否定することができるのでしょうか。コンピュータは人類にとって、夢と希望を実現させてくれる、すばらしい道具であることを認識した上で、それを上手に使っていくことが人間として大切なことです。

道具の落とし穴

　道具は、すばらしい人間の発明品です。道具の発明こそが、人間が人間らしく進化させてきたのです。しかし、道具には、人間を退化させるような落とし穴があることにも注意しておかなければなりません。

落とし穴に注意！

　ここでは、大きな2つの落とし穴に注目してみましょう。
　1）時間が開放され、かえって弊害が起こることがある
　2）人間が本来持っている能力を退化させる

　道具によって人間は多くの労働から解放され、自由な時間が増えました。これは、大変すばらしいことです。「むずかしい計算はコンピュータにやらせて、空いた時間に、人間しかできない思考や分析を行うのだ」という意見は、確かに正しい理屈です。

　しかし、実際はどうでしょうか。空いた時間を、人間しかできない思考や分析に当てているかどうかは疑問です。かえって怠惰な時間を費やすことになるのが現実ではないでしょうか。多くの人が経験しているように、新しいアイディアや自由な発想というものは、一所懸命に考えても出てこないものです。残念ながら、自由時間に比例して、思考や分析が行われていないのが事実です。

3.1
コンピュータ
という道具

　それだけでなく、多すぎる怠惰な時間は、人間の精神に悪い影響を及ぼすことがあります。動物でさえ、生きる環境が整い過ぎて怠惰な時間が増えると精神障害が起きるそうです。そのために、わざと手間をかけて食物を獲得させるような工夫を、各地の動物園で実施しています。

鍵をあけなきゃ、バナナも食べられないよ！

　ひとつ目の落とし穴に落ちないためには、この自由な時間を、何も考えずに怠惰に過ごすのではなく、人間だけしかできない思考に当てるような努力が必要だということではないでしょうか。

　ふたつ目の落とし穴は、道具の便利さに反比例するように人間の能力が衰えることです。

　車のない時代、人々は自分の足を頼りに移動しました。飛脚のように足に自信のある人もいましたが、一日に人間が歩ける距離は通常30kmから40kmぐらいです。しかもそんなに歩いた翌日は筋肉痛で歩けなくなってしまうかもしれません。ところが車を使えば、一日100kmを移動することは簡単です。それは、人間の足が速くなった、つまり性能がよくなったと考えることができます。車を「足」と呼ぶ人がいますが、事実を表現しているかもしれません。

飛行機を使えばさらに距離は伸びるわけですから、足が伸びたと考えることができます。しかし反比例するように本当の足、肉体の足の能力は低くなりました。

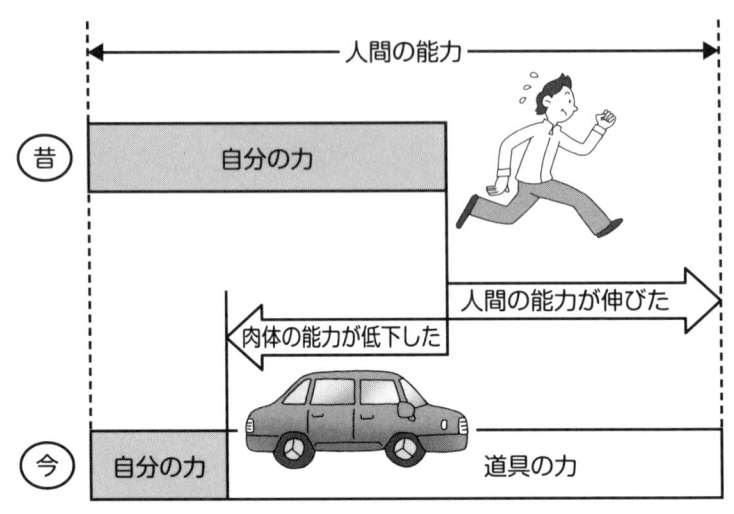

```
人間の能力
昔  自分の力
       人間の能力が伸びた →
    ← 肉体の能力が低下した
今  自分の力        道具の力
```

100km 移動できるようになったが、足の力は弱った

ふたつ目の落とし穴に注意している人は、エレベーターやエスカレーターのある設備でも歩いて階段を登っています。道具の力が大きくなればなるほど、こうした努力が必要になってきます。

人間にしかできないこと

人間の能力で衰えたのは、足だけでしょうか。いいえ、目も耳も、体力も衰えてしまいました。それだけでなく、自然治癒力、忍耐力、持続力など、生きるために必要な能力も衰えてきました。

3.1
コンピュータ
という道具

　このまま何も考えずに、道具の発達に甘んじていると、いつか"人間しかできない"はずだった思考や判断、分析なども衰えていくのではないかということです。これは、考えると大変恐ろしいことです。

　実際に、些細なこと、たとえば昼食をパンにするかご飯にするかという程度のことでも判断できず、"ご飯のほうがカロリーが少ない"という友人の一言でやっと選択できるというような人が増えているそうです。誰かに指示されると安心して行動ができる、というのは、すでに「判断力」の衰えを示しています。"○○が健康によい"、"△▼色を身につけるとよい"、"□△○で、お金が儲かる"などとテレビで放映されると、すぐにその通りの行動を取る人が増えている現象は、本来自分で考えるべきことを放棄していることではないでしょうか。

　喜怒哀楽という自然の感情だけでなく、"考える"、"判断する"、"思いやる"、"愛する"等など、「私」という個人が「私である」という証、つまりアイデンティティに関わる行動を、コンピュータに代替させてはいけないのです。そうでないと、

第1部　第3章
情報化の波とマナー

「自分の力」である人間自身の能力がどんどん小さくなっていき、人間としての存在価値はなくなってしまいます。

　虎のような鋭い牙も持たず、犬のような優れた嗅覚もない人間は、肉体的には動物界の中で大変弱い存在です。自分達が作った道具に支えられて、やっと動物界の頂点にまで達しました。コンピュータという非常に優れた道具を得た人間は、まるで召使のようにこき使い、何もかもさせて主人顔していましたが、次第に主従が逆になってきています。ここで、改めて"人間ができること"、"人間がしなければならないこと"、"機械にまかせてはいけないこと"を明確にしていかないと、とんでもないことになってしまいます。

数字や写真は機械に記録しても、
自分の気持ちや大切な思い出は自分自身の胸の中に覚えておこう!

> 3.1
> コンピュータ
> という道具

　"道具に使われず、道具を使う"ということは、そういうことを意味しており、それこそが、優れた道具を持つ情報化社会に生きる人間に、最も必要な資質といえるのではないでしょうか。

第1節のポイント

- 誰もが簡単にコンピュータを使えるようになったのは、インターネットが普及した1990年代である。
- コンピュータは、優れた道具であり、豊かな社会を実現化させた。
- 道具は、人間が本来持っている能力を低下させる。優れた道具ほど、その度合いが大きい。
- 人間がするべきことを明確にした上で、コンピュータを道具として使いこなすことが重要である。

3.2　情報化の波を泳ぐための心得

マナーの基本的な心得

「情報化社会」は、インターネット社会でもあります。その基盤となる「コンピュータ」と人間の関係を、前節で学習しました。ここでは、特にインターネットに関わりながら、マナーを守って生きるための心得を学習しましょう。

インターネットは"フォアグラ丼"のような斬新なトッピングですから、どのように対処すればよいか分からない場合も多いと思います。また、次々に新しい使い方が出てきますので、予想もつかないことも多いでしょう。

いろいろな場合に通用する基本の心得として、次の3点に注意してください。もちろん、これだけでは対応できないこともあるでしょう。しかし、少なくともこの3点に注意していれば、波に飲まれておぼれることは避けられると思います。

1）自分の身は自分で守る
2）自分以外の他人を傷つけない
3）人間関係を大切にする

それぞれについて、項を分けて説明していきましょう。

3.2 情報化の波を泳ぐための心得

3.2.1 自分の身は自分で守る

　私達は毎日の生活の中で、自分の身を守って生きています。どんなに急いでいても、赤信号のときには交差点で待ちます。電車に飛び乗れば怪我をする可能性があることを知っています。外出するときには、家に鍵をかけます。夜寝る前には電気やガスを確認します。こうしたことを疎かにしたときに、自分の身を傷つけるような事件が起きてしまいます。

ユーザＩＤとパスワードの管理

　インターネットの世界でも、同じです。ユーザＩＤやパスワードは、家の鍵のようなものです。知らない他人に渡したら、泥棒に早変わりしたとしても文句はいえません。自分できちんと管理する必要があります。

　銀行のホームページそっくりの画面に、自分のパスワードを入力したために、銀行口座から大切な預金を取られてしまう被害にあう人がいます。立派な背広姿の銀行員

立派な服装でも、鍵は渡さない！

らしき人が「渡してください」と言っても、自宅の鍵を渡さないでしょう。同様に、どんなに立派な画面でも、信頼できるかどうかを確認せずに、ユーザIDやパスワードを入力してはいけません。

プライバシーの管理

インターネットの掲示板は、町内会の掲示板と同じです。そこに「友人募集」と自分の顔写真やプロフィールを貼り紙する人はいないでしょう。そんなことをしたら、知らない人からの電話が殺到し、ストーカーに狙われるなどの被害を受けても文句はいえません。

近所の掲示板や電柱に貼り紙するよりも、もっと多くの不特定多数が見るのがインターネットの掲示板です。本人は近所の掲示板に1枚の貼り紙をしたつもりでも、クリックひとつで、全世界の掲示板に貼り紙をしたような状態になってしまうのです。

人付き合いが下手だという理由で、インターネットで友人を探す人がいますが、安易に世界中の電柱に個人情報を貼るような行為をしないように注意するべきです。

「無料」などの甘言に注意

　スーパーマーケットで、品物の値札に「￥０」と書いてあったら、誰でも変だと思うはずです。高価な品物が無料だったり、あまりに安価だったりするということは、何かおかしい、と疑ってかかるべきなのです。無料のソフトをダウンロードしたら、ウイルスに感染して大切なデータが破壊されたり、法外な電話料の請求書が届いたり、あるいは最初のページだけ無料で次からは有料だったり、など様々な被害が報告されています。

　他にもいろいろな例がありますが、要するに普段の生活で実施している保身や護身の方法が、インターネットの世界でも生きてくるのです。

タダほど高いものはない

3.2.2　自分以外の他人を傷つけない

　2番目に心得ることは、自分だけでなく他人を傷つけないようにすることです。もちろん、故意に他人を傷つけるようなことを頻繁にする人は稀でしょう。多くの人々は、周りの人々とよい関係を築いているに違いありません。

しかし、ちょっとした行き違いから、仲のよい友人と口げんかをしたり、くやしい思いをしたり、カッときて別の人に当り散らしたりしたことは、誰もが経験していることです。"ん、もう！"と、ちょっと肩をつついた程度のことでも、インターネット上では、思わぬ傷を相手に負わせてしまうことがあるので、注意しなければなりません。

インターネットを使うと、相手の顔を見ず、声も聞かずに、コミュニケーションを取ることができます。それは便利なことですが、反対に恐ろしいことでもあります。なぜ恐ろしいことになるのかは、コミュニケーションの要素から考えると理解できると思います。

コミュニケーションの3要素

本来、会話は人と人が対面して行うものです。この場合、無意識ながら、「言葉」、「話し方（声の調子）」、「表情・態度」の3要素を使ってコミュニケーションをしています。3要素の中で一番真意を伝えるのは、相手の「表情や態度」といわれています。

コミュニケーションの3要素

言葉そのもの	話し方（声の調子）	表情・態度
		↑一番真意を伝える

言葉そのもの、つまり文章よりも表情のほうが意味があるなんて、"本当？"と思う人もいるかもしれません。具体例をあげてみましょう。

3.2 情報化の波を泳ぐための心得

　ちょっとした失敗に対して、友人から"ばかねぇ！"と言われたことはありませんか。笑顔で、声の調子も明るく言われた場合には、こちらも笑顔になって"そうなのよ"と、明るい話が続くに違いありません。

　笑顔が見えない電話で言われた場合は、状況が違うでしょう。暗い声ならば少しムッとするかもしれませんが、笑い声ならば、面と向かった場合と同じ結果になるでしょう。

　ではメールではどうでしょう。相手の笑顔も明るい声も聞こえずに、文章で"ばかね！"と書かれたら、通常は怒ります。ほんの一言でも、より強く感じられ、傷つくことになってしまいます。このときに、言葉は鋭い武器となってしまうわけです。

欠けている部分の補足

　インターネットでコミュニケーションを取る場合、この点をしっかりと認識しておく必要があります。つまり、最初から「一番大切な"表情"と"声"が欠けている」という事実を認識することです。欠けているのだから、それを文章で補う必要があるわけです。

第1部 第3章
情報化の波とマナー

対面（フェイス to フェイス）の場合

| 言葉そのもの | 話し方（声の調子） | 表情・態度 |

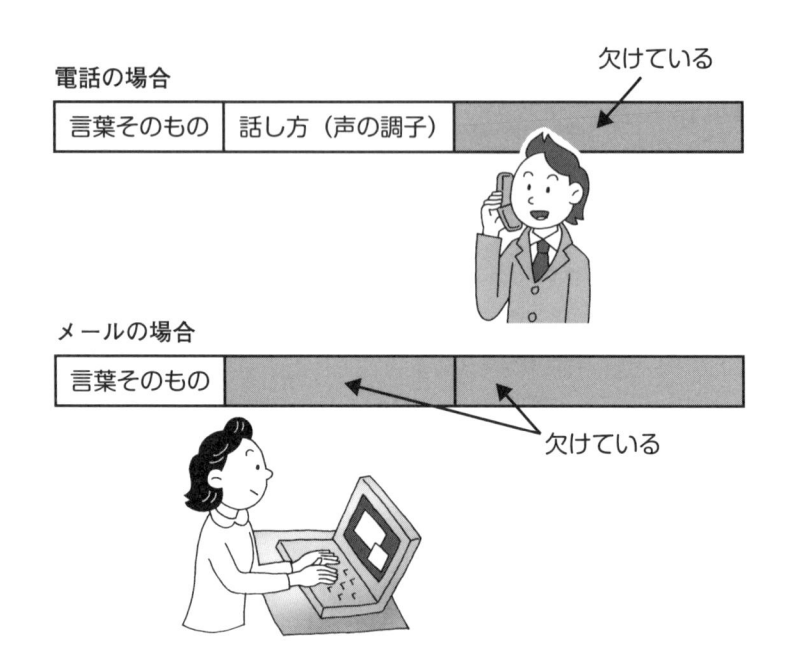

電話の場合

| 言葉そのもの | 話し方（声の調子） | 欠けている

メールの場合

| 言葉そのもの | 欠けている

　メールで顔文字を使うのは、その欠けている部分を補う方法のひとつです。単に"ありがとう"の文字だけでなく、そこに顔文字" ♪(^-^)/ "があると、にこやかな本人の顔が伝わるような気がします。顔文字は、気持ちを伝える手段として、確かによいアイディアです。しかし、これですべて解決したと思うのは間違いです。顔文字は一部の人々の間で通じるもので、意味が分からない人には無意味なだけでなく不快に思う原因になることがあります。まして、仕事では使用するべきではありません。

3.2 情報化の波を泳ぐための心得

　実は、欠けている部分を補う簡単な方法があります。それは、「人間関係の基本は対面式（フェイスtoフェイス）」ということを思い出すことだけなのです。具体的には、"相手の顔を思い浮かべる"ことです。

　人間の優れた能力のひとつが想像力です。目の前にいなくても、自分が書いたメールを読んだときの相手の顔や表情を思い浮かべることができるはずです。それができない人には、メールを使う資格がないということです。厳しい言い方かもしれませんが、三輪車を一輪だけで動かそうとしているのですから、当然のことでしょう。

想像力を働かせよう

　不思議なことに、相手の顔を想像しながら書くだけで、文章が変わるものです。自然に"他人を思いやる"ことが身につきます。"これで理解できるかしら？"、"誤解しないかしら？"と思えば、書いた文章を読み返さずに「送信」ボタンを押す人はいないはずです。

3.2.3 人間関係を大切にする
よい人間関係が犯罪を防ぐ

　3番目は人間関係です。世の中には、思い通りにいかないことが多々あります。残念ながら、全員が善意の人で構成されている世界はありません。どんなにきちんと鍵を締めても、泥棒に入られることがあるのです。

　インターネットの世界も同様です。気をつけていても、騙されることがあります。"オークションで騙された"、"架空請求で高額なお金を支払った"、などのニュースが後を絶ちません。こうしたニュースが出てくると、"どんなに自分の身を守ってもだめだわ"と思われそうですが、そうではありません。泥棒が横行しているからこそ、鍵を厳重にするべきです。ただ、鍵だけでは限界があります。鍵を上回る防犯機能が、人間関係にはあるのです。

鍵と人間関係が大切

　近所同士が声をかけあっている町内では、泥棒が少ないことを知っていますか。近所が顔見知りであることによって、泥棒を防ぐだけでなく、交通事故も少なくなり、青少年の不良化も防げるということです。

3.2 情報化の波を泳ぐための心得

インターネットでも同様です。たとえば、他人を不愉快にさせるような悪意ある中傷を掲示板に載せるという事件の原因は、多くの場合、人間関係にあります。よい人間関係が築かれていれば、中傷誹謗をする前に問題が解決するはずです。

人間関係のよい場所には、泥棒も近づかない

人間関係が被害を拡大させない

人間関係で助かることが多々ありますが、被害にあった場合にも、最悪の事態を防ぐことがあります。"架空請求されて、老後の蓄えを取られた"、"オークションで騙された"などという事件がありますが、誰にも相談しないために被害が拡大することが多くあります。

家の一部が燃えていたら、誰でも"火事だ！"と叫ぶに違いありません。怪しい人を見たら、"泥棒！"と大声を出すでしょう。それが、大きな被害を防ぐことになります。

同じことなのです。インターネット上で、"これ、大丈夫かしら？"と不安になったら、「送信」ボタンを押したり、次のクリックをする前に、必ず誰かに相談することです。一人で解決しようと思ってはいけません。それが、ボヤを大火事にしないための秘訣なのです。

匿名でも人間性を失わない

　誰でも一度は、くやしい思いをしたことはあるはずです。そんな思いにさせた人間に対して、"あぁ言ってやろう！"、"次は、こちらがギャフンといわせよう！"などと考えるのは自然のことでしょう。ときには"ナイフでも持って脅かそう"などと物騒なことを考える人もいるかもしれません。でも、実際に行動には移しません。

　なぜですか？　勇気がないから？　いいえ、そんなものは勇気とはいいません。時々、犯罪者が"ドキドキしたが勇気を出して実行した"というようなことを言いますが、履き違えないようにしてください。「勇気」とは、正しいことをするときに使う言葉です。目の前にある困難や危険を恐れずに、正義を実行する心のことです。

　実行に移さないのは、"恥ずかしいから"、"他人にとやかく言われるから"、"仕返しが怖いから"などの理由があるのです。それらは、人間として正常な心の動きです。こうした思いが、人を間違った道に迷わせないように、正しい道を歩くようにしているのです。

　「顔が見えない」、「名前を言わなくてよい」という匿名

性の仮面を手にしたとたん、それらの正常な心の動きをなくしてしまうのは、それこそ恥ずかしいことですね。

「匿名でも追跡調査すれば発信元が判明するので、捕まる可能性があるから、気をつけるように」という注意書きを見ることがありますが、これは、

仮面は、他人を騙せるが、自分のことは騙せない

捕まるとか捕まらない、という問題ではなく、自分自身の人間性の問題です。

たとえ身元が判明しなくても、たとえ捕まらなくても、本人は、自分がしたことのすべてを知っているのです。自分をごまかすことはできません。たとえ匿名であっても、自分の人間性を失うような行動をするということ避けるべきです。

結局のところ、江戸時代であろうと、戦国時代であろうと、情報化社会であろうと、人間関係が大切であることに変わりがありません。"どんぶり物"の"白いご飯"を思い出してください。大切なことは、いつの時代でも同じなのです。

第1部 第3章
情報化の波とマナー

第2節のポイント

- 自分の身は自分で守る。
  - ユーザIDとパスワードは家の鍵と同じと考える。
  - 自分からプライバシーを公開しない。
  - 甘言には乗らない。
- 自分以外の他人を傷つけない。
  - コミュニケーションは、言葉だけでは行えない。
  - 態度や表情のほうが、真意を伝える。
  - メールの場合、相手の顔を思い浮かべながら書く。
- 人間関係を大切にする。
  - よい人間関係が、問題の発生を防ぐ。
  - 匿名性のために、自分の人間性を失わない。

第1部

第4章

ビジネスマナーとは

この章のねらい

1. なぜマナーが必要なのか、マナーを身につけるメリットを考える。
2. 働くことについて考える。
3. お金について考える。

4.1 「マナー」と「ビジネスマナー」

「マナー」と「ビジネスマナー」とは、どう違うのでしょうか。共通点もあり相違点もありますが、"基本は同じ"です。英会話と同様に考えてみると分かりやすいでしょう。

「英会話」と「ビジネス英会話」とは基本的に同じ「英語」です。「英語」を全く知らないで、いきなり「ビジネス英語」を話すことはできません。しかし、英会話ができるからといって、ビジネスに関する会話ができるものではありません。英会話を基本として、さらにビジネスで使用する言い回しを勉強するのが、「ビジネス英会話」なのです。

「マナー」も同じです。「ビジネスマナー」の基礎として、誰もが守るべき一般的な「マナー」があります。基本的なマナーを無視して、いきなりビジネスマナーを勉強しても、身につくものではありません。

それでは、単に「ビジネスマナー」は「マナー」の延長線上にあると考えればよいのでしょうか。

4.1
「マナー」と
「ビジネス
　マナー」

　いいえ、「目的」が異なります。「英会話」の目的は、人とのコミュニケーションです。しかし「ビジネス英会話」の目的は、コミュニケーションを取るだけではありません。"ビジネスに結びつく"ことが重要になります。

　"ビジネスに結びつく"ということを、具体的にいえば、仕事や商売ができる、つまり"お金を得る"ことに結びつくということです。"どんぶり物"のことを思い出していただくと、同じ"親子どん"であっても、家庭で作って家族が楽しく食事をする場合と、売り物として"お金を得る"行為に結びつける場合とがあります。内容は全く同じでも、作る目的が異なります。

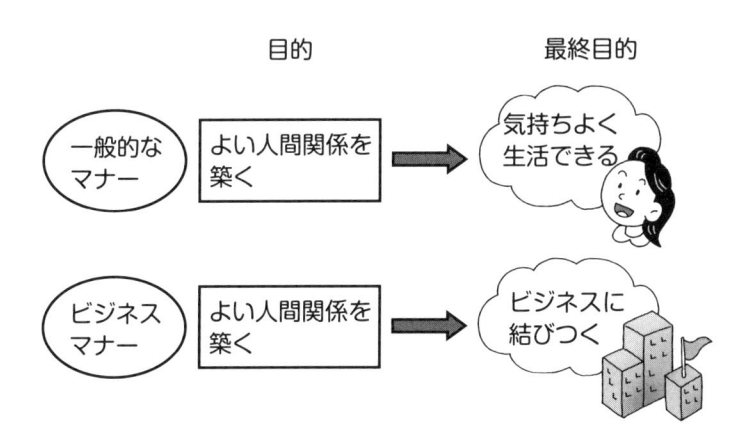

```
                    目的              最終目的
  ┌─────┐    ┌──────────┐    ┌──────────┐
  │一般的な│───▶│よい人間関係を│───▶│気持ちよく│
  │ マナー │    │ 築く       │    │生活できる│
  └─────┘    └──────────┘    └──────────┘

  ┌─────┐    ┌──────────┐    ┌──────────┐
  │ビジネス│───▶│よい人間関係を│───▶│ビジネスに│
  │ マナー │    │ 築く       │    │結びつく │
  └─────┘    └──────────┘    └──────────┘
```

　「マナー」の場合も、同じです。一般的な「マナー」は、人と人とが気持ちよく暮らすために必要とするものです。誰かが道路にゴミを捨てたら、その道路を利用する人々は

第1部 第4章
ビジネス
マナーとは

不快な気持ちになります。お互いに気持ちよく生活するために、"道路にゴミを捨てない"、"電車の中で携帯電話で話さない"などのマナーを守るのです。

　しかし、「ビジネスマナー」の場合は、お互いがよい関係であれば、それでよいのではありません。ビジネス英語と同様、"ビジネスに結びつく"ことが目的なのです。

　"マナーを守る"ということと"お金を得る"ということが、直接結びつくなんて考えてもみなかったかと思いますので、次節でご説明しましょう。

4.1
「マナー」と
「ビジネス
マナー」

第1節のポイント

- 「ビジネスマナー」と「マナー」の基本は同じである。
- 「ビジネスマナー」と「マナー」は目的が異なる。
- 「マナー」の目的は、お互いに気持ちよく生活できることである。
- 「ビジネスマナー」の目的は、ビジネス、すなわち"お金を得る"ことが目的である。

4.2　ビジネスに結びつく「ビジネスマナー」

マナーを無視すると、大きな損失が生じる

　ビジネスマナーが、"お金を得る"ことに関連することを説明します。より多くのお金を得るためには、収入よりも支出が少なければ、自分の手元に多くのお金が残ります。つまり、以下の数式のように、売り上げを伸ばして、コストを下げれば、利益が増えることになります。

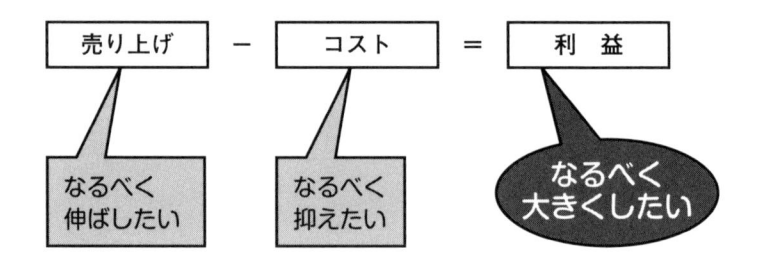

売り上げ　－　コスト　＝　利　益

なるべく伸ばしたい　　なるべく抑えたい　　なるべく大きくしたい

　どうすれば売り上げを伸ばすことができますか。どうすればコストを下げることができますか。経営者になったつもりで考えてみましょう。

　目先のことだけを考えれば、強引に品物を売りつけて売り上げを伸ばす方法や、粗悪な材料を使って品質を下げてコストを下げる方法が考えつきますが、それらは賢い方法とはいえません。

　"そんな当たり前のこと！"と思ったかもしれませんが、鉄筋を大幅に減らした設計による耐震強度偽装事件が発覚（2005年）したことは記憶に新しいことだと思います。

4.2
ビジネスに
結びつく
「ビジネスマナー」

まさに、コストを抑えるために品質を下げた実例です。目先の利益を追った結果、大きな損失を生むことになりました。この事件の真相は、トッピングばかりに目を向けて、マナーの"白いご飯"の部分を無視して"お金を得る"ことを考えた結果です。

それぞれの環境や事情があると思いますが、どんな場合でも、"マナーを守る"、つまり"人としての倫理を遵守"した上で、利益を求める、という基本理念を持っておくべきです。そうしないと、いつか大きな損失が生じることは、こうした多くの事件の発覚が証明してます。

ビジネスマナーで売り上げが伸びる

「ビジネスマナー」で売り上げが伸びるなんて、信じられないかもしれませんが、実際に売り上げが伸びるのです。少し高額な買い物をするときのことを考えてみてください。同じ品質、同じ値段であったら、誰もが好感のもてる店員の店で買い物をするものです。東京の秋葉原は電気街として有名です。どの店も最新の電気製品を並べ、「一番安い！」と宣伝して安売り合戦をして

どちらの人から買いますか?

います。確かに消費者は1円でも安い店を探しますが、それだけで高額の品物を購入するわけではありません。いくら安くても、感じの悪い店員の店ではお財布の紐はゆるみません。

質問に的確に回答してくれる店員、商品の選択に迷っているときには面倒がらずに丁寧に必要な情報を提供してくれる店員、あるいは買い手が急いでいるときには簡潔に説明してくれる店員、こうした気配りの店員がいる店はきっと売り上げが伸びるに違いありません。

上述の店員の態度、つまり多くの人が好感を持てるような態度を列挙してみましょう。

- 質問に的確に回答する
- 面倒がらずに対応する
- 必要な情報を提供する
- 笑顔で応対する
- 臨機応変に対応する
- 製品の知識がある
- 強引に勧めない

マナーを身につけている人は、好感がもてる

これらの特徴は、すべて"マナー"に適っている行動といえます。店員が"マナー"を身につけていると、自然と好感の持てる人間になります。買い手からみると、"買おうかしら"と思うきっかけをつくってくれることになります。その結果、売り上げが伸びるということになり、ビジネスに結びつきます。

4.2
ビジネスに
結びつく
「ビジネスマナー」

　店員を例にとりましたが、社会で働くすべての人が「マナー」を身につけたら、売り上げが伸びる、つまりビジネスに結びつくのです。

ビジネスマナーでコストが下がる
　どんなに売り上げが伸びたとしても、それ以上にコストがかかったら利益はありません。信じられないかもしれませんが、コストを下げるにも、「ビジネスマナー」が効果を発揮します。しかも、品質が向上するのです。そのことについて、少し説明しましょう。
　どんな会社でもコストとして大きな部分を占めているのは、人件費です。したがって、人件費を抑えれば、コストが下がります。どんな方法があるでしょうか。
　理解しやすいように、話を単純化します。経営者になったつもりで、コストを計算してみましょう。1時間に10個の製品を製造する社員を10名、時給1,000円で雇っていると仮定します。つまり、1時間に100個（10人×10個）の製品を製造しますが、そのために10,000円（10人×1,000円）の給与を支払います。したがって、1個の製品を製造するのに、100円の人件費がかかる、ということです。

第1部 第4章
ビジネスマナーとは

　経営者としては、1個あたりのコストを80円にしたいと考えています。時給を800円にすれば、計算上80円になりますが、それでは社員に不満が出ます。不満を持ちながら仕事をすると、どうなるでしょうか。やることが雑になり、生産性が落ちます。また、やらなければならない最低限のことだけをするようになります。そういう職場では、良い品質の製品は生まれません。つまり多くの失敗、不良品を生み出す危険性があります。

不満を持って仕事をすると……
- **生産性ダウン**　　・**品質の低下**
- **業務増大（回収など）**　・**信用の失墜**

　時給を下げることによって、今まで1時間に10個製造していたのに8個しかできなくなり、しかも10個に1個は不良品になるかもしれません。そうなると1個にかかる人件費が100円以上になってしまい、コストを上げる結果となります。さらに不良品の回収に余分な人件費がかかり、会社の信用も失います。

　それでは、反対に給与を上げたら生産性が上がって品質もよくなるのでしょうか。ハーツバーグという学者の理論によると、給与を上げることは、一時的な動機づけの要因にしかならないそうです。つまり、時給を1,200円にす

ると、直後には"やる気"が起きて効率が上がり、1時間に12個の製品を作るようになるかもしれません。しかし、半年、1年と時間がたつと、1,200円は"当たり前"のこととなり、労働意欲は以前の1,000円のときと同じになって、1時間に10個の生産性に戻ってしまいます。1,300円、1,400円と次々に時給を上げることしか効率向上を継続することはできなくなってしまいます。

　それに対して、仕事の達成感や興味、自己の成長、あるいは人間関係など、精神的要素は、いつまでも継続する動機づけの要因となります。

> **一口メモ** 不足すると「不満」要素となるが、満たされても「満足」には結びつかない要素（例：賃金）を『衛生要因』と呼び、満たされると「満足」に結びつく要素（例：やる気）を『動機づけ要因』と呼ぶ。2つの要因をうまく組み合わせることがモチベーションを向上させる。（F. Herzberg）

　世の中を見回すと、生き生きと仕事に励んでいる人々がいます。そういう人々の共通点は、仕事が好きで、仕事が楽しいということです。誰からも命令されないのに、一所懸命に仕

事をします。どうしたら、もっと効率を上げることができるか、どうすれば、もっと品質を高めることができるか、頭も体もフル回転しても、疲れ知らずに働きます。

　考えるだけで頭が痛くなるような作業を、楽しそうにしている人を見ることがあるでしょう。パソコンを組み立てているエンジニア、動物の世話をする獣医さん、囲碁や将棋に没頭している棋士など、どこからそんなエネルギーが出ているのでしょうか。実は、これらの人々を動かしているエネルギーの素が、「動機づけの要因」なのです。

マナーが動機づけ要因の原動力となる

　誰もが、自分にぴったり合った動機づけの要因を掴むことができたら、効率よく仕事をし、高品質の製品を生み出します。結果的にコストを下げることができるのです。

　"それが分かっても、すぐに仕事が好きになったり、興味が湧いたりするものじゃない！"、と思った人もいるでしょう。確かにそう簡単にいくわけではありません。しかし、あきらめないでください。「動機づけの要因」を掴むための近道があります。それが、「マナー」です。

4.2 ビジネスに結びつく「ビジネスマナー」

いきなり「マナー」といわれても、無理があると思うかもしれません。しかし「マナー」という馬が「動機づけ要因」という馬車を引っ張ってくることが現実にあるのです。

たとえば77ページで、楽しそうにパソコンを組み立てているエンジニアが、完成して"やったぁ!"と喜んでいるときに、誰からも"すばらしい"、"ありがとう"と声をかけられなかったら、どうでしょうか。だんだんと孤独になり、次第に自分のやっていることに価値観を見出せなくなり、自信喪失するかもしれません。そのときには、もはや「動機づけ要因」は消え去っているのです。

反対に、"ありがとう"や"すばらしい"という感謝や賞賛の言葉ひとつで、やる気が起きてくるものです。

"人間なんて、そんなに単純なものじゃない!"と疑問に思うかもしれませんが、人間の心理を研究している学者達の多くが、尊敬されたり感謝されたりすることによって、"やる気"が出てくることを証明しています。

> **一口メモ** マズローの欲求5段階説によると、一番上の欲求段階(自己実現)にある人は、自分の能力や可能性を発揮して、創造的活動や自己の成長を図りたいと思っている。つまり、「動機づけ要因」が働いている状態である。そこに達するためには、集団から価値ある存在と認められ、尊敬されるという「自我の欲求」段階が必要である。(A. H. Maslow)

| 第1部　第4章 |
| ビジネスマナーとは |

　簡単なことのようですが、"ありがとう"、"ごめんなさい"の基本的な挨拶の言葉が自然に交わされる職場というのは、よい人間関係が築かれている職場です。円滑な人間関係の中では、気持ちよく仕事ができます。また悩んだり疲れたりしたときにも、回復が早いものです。こうした職場では、働く意欲を持続させることができ、品質が向上し、効率が上がります。

　たとえば、ひとつの製品でも書類でも、会社の中の誰かに手渡すときを考えてみましょう。毎日のことだからと黙って手渡す場合と、"お願いします"、"ありがとう"の言葉とともに手渡す場合とは、どんな違いが出てくるでしょうか。黙って渡されると、受け取るほうも黙ります。何も面白いことのない、毎日の業務の一環でしかありません。ここには動機づけとなる要因は生まれにくいでしょう。

　しかし、"ありがとう"の言葉が出ると、自然に"どういたしまして"という言葉とともにお互いに顔を見合すものです。ほんの一瞬のアイコンタクトですが、これが人間関係にはとても大切なことなのです。この小さな積み重ねは、ちょうど1つひとつレンガを積み重ねるのと同じで、人間関係を築

小さな積み重ねが人間関係を築く

80

4.2 ビジネスに結びつく「ビジネスマナー」

く基礎となります。

　もちろん「マナー」だけで"やる気"が起きるものではありませんが、「マナー」のない場所には"やる気"は起きません。基本的なマナーが「動機づけ要因」を作る大きな要素になっているのです。

　ただし、ここで１つだけ重要な点を念頭に入れてください。仕事の達成感や自己実現は、「本人」にその気がなければ、決して掴むことができない、ということです。反対に、気持ちさえあれば、「マナー」が「動機づけ要因」を掴むための近道を作ってくれます。そして図に示すとおりのよい循環が生まれるでしょう。

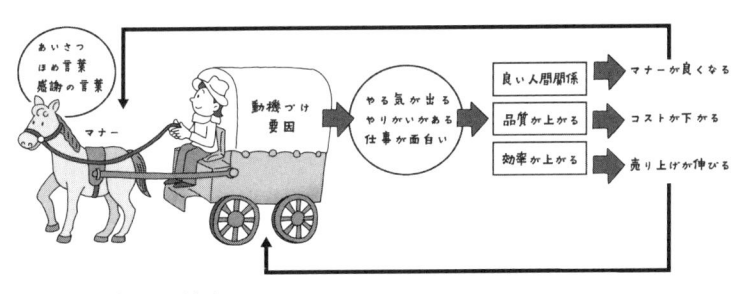

●よい循環の流れ
1）マナーという馬が「動機づけ要因」という馬車を引っ張ってくる
2）よい人間関係が築けるので、言葉をかけやすくなり、またマナーがよくなる
3）品質が上がり、コストが下がる
4）効率が上がり、売り上げが伸びる
5）すべてが動機づけとなって、やる気になる

第1部 第4章
ビジネス
マナーとは

　「マナー」が"売り上げを伸ばし、コストを下げる"、つまり"ビジネスに結びついている"ことが、理解できましたか。このように、「マナー」が、最終的に"利益を増やす"ための力になるとき、これを「ビジネスマナー」と呼ぶのです。

第2節のポイント

- ビジネスでは、「マナー」を無視すると、大きな損失を生じる。
- 人は、好感の持てる人から物を購入する。
- 「ビジネスマナー」で売り上げが伸びる。
- 「ビジネスマナー」でコストが下がる。
- 「マナー」が「動機づけ要因」を引っ張ってくる。

4.3 「マネー」と「マナー」

お金について考える

　ここまで読み進んでくると、「ビジネスマナー」の最終目標が、"ビジネスに結びつく"、すなわち、"利益を増やす"ことだということが理解できたと同時に、"結局は、「お金」なんだ！"と少し興ざめされた人もいるかもしれません。

　マナーは、人間として基本的なことなのだから、"利益を増やす"ことに結びつけること自体、醜い大人の世界を見たような気になった人もいるでしょう。

　しかし、地に足がついた一人前の大人として社会で生きていくためには、「お金」のことを避けて通るわけにはいきません。「お金」に対する考え方を明確にすることは大変重要なことなので、この節では、お金（マネー）について触れておきます。

　人は誰でも"今よりもっと、お金持ちになりたい"と望むものです。しかし、一方では"お金なんてなくても、精神的に豊かであれば幸せだ"とも考えます。この２つの考えは、どちらも正しく、相反することではありません。

　私達が生きている社会では、お金なしには生きていけません。いろいろな遺跡で通貨が発見されていることを考

第1部 第4章
ビジネス
マナーとは

ると、人類はずいぶん昔から「お金」の概念を持っていました。いくら"お金のことは考えたくない"と思っても、貨幣制度のなかった昔に戻ることは不可能です。お金がなければ、衣食住のいずれも満たすことはできません。つまり、私達の生活の基盤に「お金」があるのです。

　ここ数年で、"フリーター"や"ニート"と呼ばれる若年失業者が、非常に増えました。言葉の定義で数は異なりますが、全国に40万人以上いるともいわれています。"自分の能力を発揮できない"、"会社生活に自信がない"、"他人に使われたくない"など、一人ひとり事情や理由があるので、いちがいに眉をひそめることはできませんが、その根底には"お金のことを考えなくても生きていける"という、豊かな社会の特徴である「甘え」があることは事実です。

　人間が生きていくための衣食住を確保するには、「お金」が必要であることを忘れてはいけません。現在、自分でお金を払うことがないとしても、親や保護者、あるいは国や公的機関など、どこかの誰かが、「お金」を払って生活の基盤ができているのです。

やっぱり、お金は大切です

4.3
「マネー」と
「マナー」

そういう意味で、私たちは誰でも、生きていく基盤となる「お金」について真面目に考える必要があると思います。

お金で買えるものと買えないもの

しかし、反対に"お金さえあれば、よい"と考えるのは大変危険です。実際、お金で買えないものも多くあります。愛情や友情、信頼や信用、信念や正義、平和や生命など、「人間の幸せ」といわれるものは、どんなにお金を積んだところで手に入れることができないものです。"お金さえあれば"と考えることは、それらのお金で買えない貴重な宝物を、すべて放棄することになります。欲張りと思うかもしれませんが、お金で買えるものも、お金で買えないものも、両方とも手に入れることが、生きていくためには重要なことなのです。

お金の"過食症"にも"拒食症"にもならない

1980年代の"バブル景気"のときには、すべてのものが"お金"で買えるような錯覚に陥っていました。1990年代にはバブルがはじけ、それこそ風船がしぼんだように元気のない状況が続きました。そこに彗星のごとく現れたのが、若手のビジネスパーソンでした。彼らは、少ない資金でIT産業を中心にマネー・ゲームを繰り広げ、驚

くべき利益をあげました。青年実業家として名を連ね、時代の寵児と呼ばれました。しかし、それも長くは続きませんでした。2006年、証券取引法違反などの理由で社長や重役が逮捕される事件に発展し、若者の英雄は、虚像として"金の亡者"の醜い姿を現しました。"お金"だけに価値を置いたビジネス活動の結果でした。

"お金のことを考えなさい"、しかし"金の亡者になってはいけない"と、少し矛盾するような感じを受けた人もいるかもしれません。

「お金」のことは、「食べ物」と同じように考えると理解しやすいと思います。もし「食べ物」を拒否したら、生きてはいけません。実際、拒食症で命を失う人もいます。「お金」も同様です。お金について考えないことは、お金の拒食症です。人間が生きていくための衣食住を確保できなくなり、生きていくことができません。

お金の拒食症

しかし反対に他人の物まで奪うようにして、ガツガツと食べるのは、自分の健康を害するだけでなく、餓鬼と呼ばれる醜い鬼になってしまいます。浅ましく、人間としての品格はどこにもありません。お金に関しても全く同様です。

4.3
「マネー」と「マナー」

ガツガツと集めたお金の代わりに、大切な人間関係を失うことになり、人が生きていく上で必要な多くのものを、失います。

お金の過食症

「お金を儲けることは悪いことですか？」という質問は、「食べることは悪いことですか？」という問いと同じです。お金を儲けることも、食べることも悪いことではありません。しかし、どちらも「いき過ぎ」はいけません。

お金だけを信頼し、お金に固執する人間は、お金の過食症です。カロリー・オーバーとなり、自分自身を傷つけ、最終的には、やはり命を縮めることになるのです。

何を基準にするか

それでは、その両極端の間のどこに線を引いたらよいのでしょうか。何を基準に「いき過ぎ」を防ぐことができるのでしょうか。一番難しく、大切なところです。食べ物でも、お金でも、栄養バランスがとれる範囲があるはずです。心身ともに健康な体力を維持するためには、その範囲を見極めて、自己管理する必要があります。

何を基準に、範囲を決める線を引けばよいのでしょう

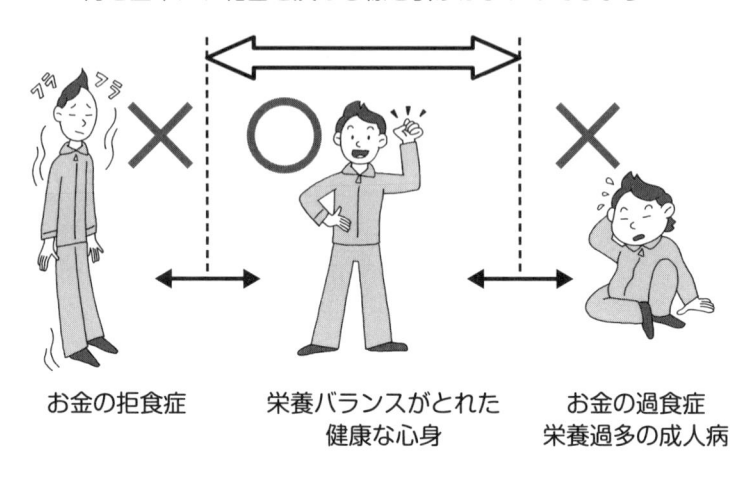

お金の拒食症　　栄養バランスがとれた　　お金の過食症
　　　　　　　　健康な心身　　　　　　栄養過多の成人病

　栄養バランスがとれた健康な心身を保つための基準として、何があるのでしょうか。
　「法律」や「社則」、「校則」などの規則が、基準になるでしょうか。確かに、ひとつの基準となっています。誰でも、違反して、逮捕されたり、解雇されたり、あるいは退学になるのは避けたいものです。ときには、制約されているように感じるさまざまな規則が、実は「いき過ぎ」を防ぎ、バランスを保つ役目をしているのです。

法律という基準
　「法律」という基準は、明確に定められているので、分かりやすいものです。しかし、残念ながら完璧な基準とはなりません。

4.3 「マネー」と「マナー」

なぜなら「法律」は、人間が必要に応じて作成したものだからです。自動車がない時代には、道路交通法はありませんでした。自動車の大量生産によって多くの人が車を使うようになり、事故が増えたために、法律で規制するようになったのです。

情報化社会の現在、情報技術の発展に伴って法律ができています。しかし情報技術の発展の速さは、自動車の発展とは比べようもなく速く、法律が追いついていない状況です。道路交通法がまだ整備されないうちに、高速の車が走っているような状況だと思ってください。

情報技術の発展は速い！

法律や法規は、まだ工事中

こんな状況では、法律を基準にしようと考えるのは無理なことです。実際に、「これは合法的である」と言いながら、

消費者を犠牲にしている"金の亡者"はたくさんいます。"法律で罰せられなければ、何をしてもよい"という姿勢は、"お金払っているのだから文句を言うな！"と言って、ガツガツと大量の食べ物を飲み込んで体を壊している人間に似ています。

マナーが節度の基準になる

　それでは、何を基準にすればよいのでしょうか。歴史を紐解いてみると、時には宗教、時には国家への忠誠心などが、その基準になっていました。それらは、人間としての"良心"と呼べるものだと思います。「良心」とは、正しく行動しようとする心の働きのことで、どんな人間にも備わっています。嘘をつこうとすると、誰でも後ろめたい気持ちになりますし、うっかりと他人を傷つけたら、"あっ、いけない！"と自分の心も痛むものです。これが良心です。

　良心は、刃物と同様で磨いていないと錆びてきます。だんだんと鈍感になり、嘘をついても、騙しても平気になってしまいます。

　現代に生きる私たちも、心の中に"良心"を持って生活していますが、それを形に表現するとなると、「マナー」という言葉がふさわしいのではないかと思います。他人を

良心も刃物も、磨かないと錆びてくる

4.3
「マネー」と
「マナー」

傷つけることなく、お互いに気持ちのよい関係を作っていく「マナー」を基準にすると、きっとよい結果が得られるはずです。

基本的なマナーを守って食事をすると、美しくスマートに食べられるだけでなく、バランスの取れた食事を取ることができます。同様に、基本的なマナーを守って、自分の身の丈に合った量の「お金」を得るために仕事をしていけば、バランスのよい心身が伴った健康な社会人になることができるはずです。そうした人間を、"上品な人"というのではないでしょうか。

ビジネスマナーを守って
バランスのよいマネー感覚を!

人間としての品格

"上品?"と、少しこの言葉に違和感を持った人もいるかもしれませんね。"上品"という言葉を、どのように思いますか。上流階級の人々を指す言葉でしょうか。それとも、高価な服装で豪華な食事をしながら、ツンとすました顔で"あなた達とはレベルが違うのよ！"と他人を蔑視するような態度の人々を指す言葉として捉えているでしょうか。いいえ、そうではありません。

身の周りにある物で、良質のものを「品質がよい」とい

う言い方をします。人間の場合にも「品」という言葉を使うときには、人間として「品質がよい」ということを表すのではないでしょうか。"品がよい"、"上品"、"品格"、"品位"、"気品"など、すべて「よい品質の人間」を表す言葉です。

　どんなにお金持ちであろうと、どんなに着飾ろうと、平気で他人を裏切ったり、嘘をついたりする人を"上品"とはいえません。実際、国会議員や弁護士、あるいは医者、大学教授、社長や部長などの立派な肩書きをもった人々の中にも、汚職や賄賂など、お金のことで摘発される人がいます。これらの人々は、むしろ人間として"下品"といえるのではないでしょうか。品物の場合と同じように、「品質保証」することができない人間は、上品ではないのです。

　要するに、どんなにトッピングが立派でも、基本にきちんと"白いご飯"が欠けてしまったら、"どんぶり"として認められないということです。また、白いご飯があっても、腐っていたら、品質が悪いということになります。

　基本に「マナー」があれば、お金に対しても、人間関係に対しても、あるいは仕事に対しても、きっとバランスのよい品格のある人間になれるに違いありません。

　「ビジネスマナー」が、ビジネスに直結して、利益を大きくするものであると同時に、バランスよく生活するための「基準」になることが、理解できたと思います。「マナー」は、自分だけでなく、周囲の人々も気持ちよく、楽しく仕事ができるために、必要なスキルなのです。

第3節のポイント

- 「マネー」、すなわちお金について、明確な考えを持つことが重要である。
- お金の拒食症（ニートなど）は、食べ物の場合と同様、生きていく力がない。
- お金の亡者は、過食症と同様、自分の健康（精神的健康）を維持できない。
- お金で得られるものと得られないもの、両方とも必要である。
- 拒食症と過食症の両極端にならならずにバランスを取るための基準は、「マナー」であり、「マナー」を身につけた人が"上品"な人である。

第1部 第4章
ビジネスマナーとは

4.4 ビジネス（仕事）について

仕事は辛いのか

　一人前の大人といわれるには、お金で得られない大切なものを認識しながら、お金をバランスよく得ることが大切なことを理解できたと思います。当然ですが、そのためには、何らかの仕事に従事する必要があります。

　「ビジネス」、つまり「仕事」について考えてみましょう。「ビジネス」とは、自営業であろうと、会社員であろうと、すべて生計を立てるための仕事のことです。販売の場合もあるし、生産する場合もあるし、医者や教師のような仕事もあります。

　「仕事」といわれて、最初に頭に描く光景は、どんなものでしょうか。辛く苦しいけれども、家族のために働きアリのようにクタクタになるまで働き、満員電車の中で居眠りをしているビジネスパーソンを想像されるかたも多いのではないでしょうか。

4.4
ビジネス
（仕事）
について

　昔から「仕事」は、「仕事と遊び」のように、「遊び」と対比される言葉です。"遊びは楽しい"に対応すると、どうしても"仕事は辛い"となってしまいます。

　また、これから仕事を始める人が、就職活動をしたり、就職関連の本を読んだりすると、"忍耐"、"辛抱"、"我慢"、"努力"など、気が重くなるような言葉が並んでいます。これでは、やっぱり"仕事は辛い"と思ってしまうでしょう。

　しかしそうでしょうか。"辛い"だけで、人はそんなに働けると思いますか。苦しいだけでは、人間はいつか倒れてしまいます。実際、仕事のストレスから、精神的に病んでしまう人が多いのは事実です。しかし、病んでいる人よりも健康に働いている人のほうが圧倒的に多いのです。いきいきと楽しそうに働いている人々が、たくさんいるという現実を考えると、確かに"辛い"だけでない要素があるはずなのです。

辛いが、楽しい

　第2節で、「動機づけ要因」について勉強しました。動機づけ要因を見つけた人は、"仕事が楽しくて仕方ない"人々です。すばらしいことだとは思いませんか。

95

第1部　第4章
ビジネスマナーとは

　それでは、そうした人々はいつも"楽しい"ばかりなのでしょうか。周囲に、そのような人がいたら、是非聞いてみてください。"全部が楽しいことばかり"という人はいないはずです。それよりも、"辛く苦しいことばかりだ"と答える人のほうが多いでしょう。

　そうなのです。仕事が"楽しい"というのは、同時に"辛く苦しい"ことなのです。それは矛盾することではありません。趣味の世界を考えてみると、サッカーでもテニスでも、書道でも茶道でも、必ず"辛く苦しい"部分があるはずです。仕事も同じです。好きだからこそ楽しく、好きだからこそ、辛くても我慢ができるのです。

　サッカーやテニスで捻挫をしたり、突き指をしたり、痛い経験をした人もいることでしょう。それでも続けているのは、そこに"楽しさ"を感じるからです。疲れてクタクタになりながら走った後の汗は、気持ちよいものです。それは、夏の暑さでダラダラ過ごしたときの汗とは、全く別の種類のものです。

　"楽しい"ことと、"辛く苦しい"ことは、相反することではなく、実は同じことなのです。「それは、趣味だからでしょ。仕事は違う！」という声が聞こえてきそうですが、"楽しい"、"辛い"という面では、趣味もビジネスも全く

4.4
ビジネス
（仕事）
について

同じです。"好き"であれば、決して辛く苦しいだけでは終わりません。いえ、辛く苦しいことがあるからこそ、楽しさを感じることができるのです。

　それは、ちょうど山登りと同じようなものです。厳しい山道を登っているときには、息も苦しく足も棒のように動かなくなってしまいますが、頂上に立ったときの達成感は、自らの足で登った人だけが味わえる喜びなのです。安易に得られないからこそ、その喜びは大きなものとなるのです。

　よく労働時間で計算する人がいますが、時間だけを計算してみると多分90％以上は苦しく辛い時間でしょう。残りのたった10％未満の時間が"楽しい"時間です。損得勘定をしたら、損かもしれませんが、それが仕事の楽しさであり、ビジネスの世界に生きる喜びなのです。

黒白つけない

← 辛い　　　　　　　　　楽しい →
度合いは異なるが、グレーゾーンにあるはず

　100％楽しい仕事はありません。同様に100％辛い仕事もありません。仕事によっては、自分にぴったり合う仕事もあれば、どうも気に入らない仕事もあります。そういう意味では、"楽しさ"が多い仕事や、"苦しさ"が多い仕

第1部 第4章
ビジネスマナーとは

事があるでしょう。楽しさを「白」、苦しさを「黒」としたときに、その度合いは異なるかもしれませんが、黒白どちらか一方でしかない仕事はないのです。

　黒のほうに近づくか、白のほうに近づくかは、気持ちの持ちようで変わります。前述の趣味の世界を考えると、その意味が分かるでしょう。少し角度を変えて、仕事を客観的に眺めてみると、"あぁ、この部分が楽しいな"と思えることがあるのです。

　また人間関係も、歩く方向に影響を及ぼす要素です。「動機づけ要因」で述べたとおり、「マナー」が円滑な人間関係を支えてくれます。円滑な人間関係の中では、楽しい面に目を向けることができます。

　"仕事が悪い"、"会社が悪い"、"上司が悪い"という前に、自分自身で歩く方向を変えてみる工夫をしてみてください。自分以外の誰も引っ張ってくれる人はいません。私達一人ひとりが、自分で方向を決めて、自分の足で歩くのです。

どちらの方向に歩くかは、自分で決める

　もし、それでも100％真っ黒と思えるほど「辛さ」と「苦しさ」だけしかない仕事であれば、自分自身の精神状態が

破壊されないうちに転職を考えたほうがよいかもしれません。同じように、もし100％真っ白と思えるほど楽しくて、少しの辛さも苦しさもなければ、これも考えものです。本当の楽しさは、苦しさなしには得られないものであることは、山登りの例で述べたとおりだからです。

仕事を選ぶ3要素

確かに、苦労なくして喜びは得られないことが分かりましたが、どんな仕事でも苦労さえすれば、山の頂上に立った喜びを得られるのかというと、そうではありません。苦労の甲斐がない場合もあるかもしれません。

それでは、どのようにして自分の仕事を選べばよいのでしょうか。確かな保証はありませんが、次の3要素を参考にすると、間違いが少ないと思います。この3要素は、どれか1つ満たしていればよいのではなく、3要素とも満たしていることが重要です。

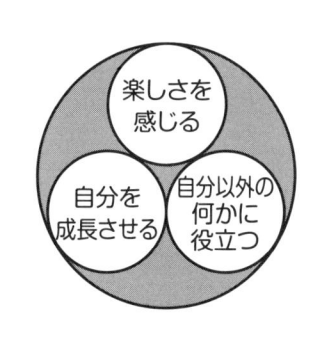

1) 1％でもよいので、"好き"、"楽しい"と感じることがある。
2) 自分を成長させてくれる要素がある。
3) 自分以外の何か（他人、社会、自然など）に役立つ。

1) は、先ほどの黒白の物指しを思い出してください。グレー・ゾーンのどこかに位置している、という意味です。

100％真っ黒であってはならない、ということです。

　２）の要素は、仕事によって、何かを学んだり、何か新しい発見をしたりできることです。その速度は遅いかもしれませんが、少なくとも昨日の自分より、何か変わっている今日の自分を実感できることです。自分のために役立っていることです。

　３）は、自分が仕事をすることによって、どこかの誰か、あるいは何かの役に立っているということです。この３番目は、大変重要なことです。

　この３要素はすべて大切です。１）、２）は満たしているが、３）が満たされていない例をあげてみましょう。インターネットの大きな問題として、ウイルスがあります。いつの間にか自分のパソコンが汚染されて、多大な被害を受けるという事件が報道されています。

　"ウイルス"という名称のとおり、まるでインフルエンザのウイルスのように次々に伝染しますが、決定的な違い

風邪のウイルスは自然発生だが、コンピュータのウイルスは人間が作る

4.4 ビジネス（仕事）について

があります。インフルエンザのウイルスは、どこかの誰かが作ったものではありませんが、コンピュータのウイルスは明確に人間が作ったプログラムなのです。

ウイルスのプログラムを作っている犯人は、少なくともコンピュータの知識を持っている人間です。人の裏をかいて他人のコンピュータに侵入するプログラムを開発することに快感を覚えているに違いありません。楽しく仕事をしているのですから、1) の要件はクリアされています。

また、日進月歩で開発されるワクチン・プログラムの防御にもかかわらず、さらに巧妙に侵入することを考えるということは、かなり勉強していると思われます。新しい技術を学び、考え、開発するのですから、自分自身の技術を日々磨いていることになります。自分が成長していますから、2) の要件もクリアされているのです。

しかし、誰の役にも立たないだけでなく、社会に多大な迷惑をかけているのですから、3) の要件を満たしていません。これで、ウイルス開発という仕事は、失格となることが分かります。

ウイルス開発は犯罪です。しかし、犯罪にはならない程

第1部 第4章
ビジネスマナーとは

度のことであっても、3要素に照らしてみると、自分の仕事として適切かどうかが明確になります。

　役に立つ仕事だけれど、100％真っ黒なほど楽しさを感じないという1）が欠けている仕事も、あるいは楽しいけれど、全く自分を成長させない2）が欠けた仕事も、適切な仕事ではありません。3つの要素のすべてを満たすような仕事であることが重要です。

第4節のポイント

- 仕事は苦しいだけではない。
- 辛さや苦しさが伴うからこそ、本当の楽しさを味わうことができる。
- 100％楽しい仕事もないし、100％苦しい仕事もない。
- 仕事を楽しくするか、苦しくするかは、自分の心の持ちようと人間関係による。
- 仕事を選ぶ3要素は次のとおりである。
    － 楽しい要素が少しでもあること
    － 自分の成長に役立つこと
    － 自分以外の何かに役立つこと

第2部

第5章

情報の信頼性

この章のねらい

1. 情報の価値について考える。
2. 情報化社会だからこそ、役立つ情報を上手に使えるようにする。
3. 間違った情報に惑わされないようにする。

第2部 第5章
情報の信頼性

5.1 価値の判断

観察力と判断力

　日常生活の中では、情報によって得をしたり、損をしたりすることがあります。たとえば、午後に雨になるという情報を持っている人は、傘を持って自宅を出ることができます。"最近の天気予報はよく当るから"といわれますが、その言葉は、以前は予報が当らないことが多々あったことを意味しています。

　もし、"雨は降りません"という予報を信じて傘を持たずに家を出て、大雨に降られたら、びしょ濡れになるだけでなく、風邪を引くかもしれません。真実でない情報は、それを信じた人にとっては、大変な迷惑です。

　天気予報がはずれるのは悪意ではありませんが、世の中には悪意で嘘の情報を流す人もいます。善意で流された情報が必ずしも正しいとは限りませんし、逆に悪意で流された情報が正しい場合もありえます。つまり、発信する人が善意か悪意かとは関係なく、情報には真実のものとそうでないものがあるのです。ここがむずかしい点です。

　"雨は降りません"という予報でも、空が黒い雲で覆われていたら、誰もが傘を持っていくに違いありません。それなら、大雨に降られても大丈夫です。傘を持つかどうか、つまり情報が真実か否かは、それを受け取る私達自身が判

断するしかありません。情報を鵜呑みにせずに、空を見上げるような観察力が必要です。

情報の選択

　溢れる情報の中から真実の情報だけを取り出すのは、大変なことです。そう考えただけで頭をかかえる人がいますが、自分にとって関係ある情報だけを判断すればよいのです。東京に暮らす人に必要なのは関東地方の天気予報です。日本全国の予報の信頼性を判断する必要はありません。

　まずは、自分に必要か否かを判断することが最初です。たまたま目についた広告に騙されて高額な不用品を買ってしまうようなことを避けるべきです。不要な情報を切り捨てることも、正しい判断をするためには大切なことです。

不要な情報は切り捨てよう!

　"切り捨てなくても、重要な情報を見逃すはずはない"と思うかもしれませんが、人間は、慣れると感覚がマヒすることも忘れてはいけません。貴重な情報も、無駄な情報も、流れる水のように、自分の前を通り過ぎると、かけがえのない貴重な宝石が流れていても、気づかないことがあります。宝石を逃した本人だけが損をするわけではありません。周囲の人々に多大な損失を与えることもあります。

第2部 第5章
情報の信頼性

　2005年12月には、証券会社の社員が、1株61万円を61万株1円と入力ミスしたために、400億円の損失が発生した事件がありました。コンピュータの画面では、「1円で、本当によいのですか？」というメッセージが出たにもかかわらず、この社員は毎日同じ操作をしているため、無意識に「はい」を押してしまったわけです。コンピュータ画面に表示される多くのメッセージの中に、貴重な警告の情報があったことを見過ごしてしまったのです。

　ここまで大きな事件にならないまでも、情報が多すぎて重要な情報を見逃すことは、誰もが経験していると思います。駅のアナウンス、テレビのコマーシャル、薬の効能など、いつもと同じつもりで頭の中を通り過ぎてしまいます。

多すぎる石から宝石を捜すより、少ない石の中から探すほうが簡単！

5.1 価値の判断

　情報が多ければ多いほど、砂の中で針を見つけるようになります。目の前を通り過ぎる宝物を見逃さない力が必要になります。

　そうはいっても、溢れる情報の中から、重要な情報を選択できる力を持つことは、簡単なことではありません。完璧な方法はありませんが、少なくとも以下のような点に注意することが、情報化社会に生きるためには必要になります。それぞれについて、次節で具体的に説明します。

- 発信元を確認する
- 過去の事例から学ぶ
- 事実と意見とを区別する
- 外装にとらわれない
- 他の人の意見を聞く

第1節のポイント

- 情報には、真実の情報と、そうでないものがある。
- 真実の情報を選択するためには、観察力と判断力が必要である。
- 多すぎる情報によって、真実の情報を見逃すことがある。

5.2　情報の信頼性を高める方法

　この節では、具体的な方法を説明します。「まえがき」で述べたように、本書の主旨は"What（何？）"や"Why（どうして？）"を理解していただくことですが、情報化社会で真実でない情報に惑わされることなく生きていくために、少し"How To（どのように）"という点にも触れておきたいと思います。

発信元を確認する
　インターネットは匿名性が高く、身元を確認しにくいため、悪意ある人には都合よいシステムです。悪意で情報を発信する人は、身元が分からないようにしています。発信元を確認されては困ると考えているのです。

　だからといって、発信元の確認をあきらめないでください。注意深く行動することで、ワナにはまることを避けることができます。

　通常の会話でも、疑問があれば"本当？　誰が言ったの？"と情報源を問いただすでしょう。この質問で、真偽を選別できることがあります。

　オンライン・ショッピングを例に説明しましょう。オン

5.2
情報の信頼性
を高める方法

ライン・ショッピングは、通常より安く、お店まで足を運ぶ必要もなく、気軽に購入できるのが利点です。しかし、悪意ある"成りすまし"画面で、騙される場合もあります。

　購入を決定した後に、品物の送付先である自分の住所、氏名、電話番号、さらに支払いのためのクレジット番号や暗証番号を入力する画面になります。あたかも信頼できるような画面なので、誰も疑いをもちません。しかし、これら「個人情報」に関わる情報を入力するときには、必ず以下の2点を注意するように心がけましょう。

　1点目は、画面の右下にあるステータス・バーに黄色の鍵のマークがあることを確認することです。

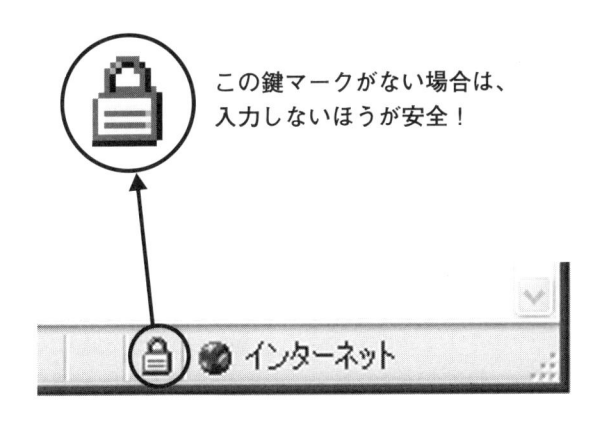

この鍵マークがない場合は、
入力しないほうが安全！

　この印は、個人情報を守るために暗号化していることの証明書のようなものです。もちろん、証明書までも騙す手口もありますが、ともかく証明書の有無だけは確認するようにしてください。

第2部 第5章
情報の信頼性

　2点目は、一番左上のアドレス・バーにあるアドレスを確認することです。

ここを確認する

　アドレスとは、今表示されているホームページの住所を明らかにするものです。この例の場合は、yahooであることが分かります。もし、心当たりのない名前が表示されていたら、疑ってみることです。たとえば、"yahoo"を開いたつもりなのに、"yafoo"となっていたら、たった1文字違いでも、それは虚偽です。注意深く見れば、違いが分かるはずです。実際に起きた事件です（2005年6月）。
　では、正しい名前であれば信頼できるかというと、残念ながら、そうではありません。通常、住所はごまかせないと考えますが、実は後半部分を表示しないように細工していることがあります。前半部分は、いかにも正しいアドレスですが、後半部分に別のアドレスに飛ぶような細工ができるのです。恐ろしいことです。

5.2 情報の信頼性を高める方法

インターネットの場合は、"http://・・・"などのように英字の綴りのアドレスになりますが、イメージとしては、この図のようになります。見えない部分に「気付」と書いて別の宛先を指定するとどうなりますか。「気付」の後の住所に送られてしまいます。

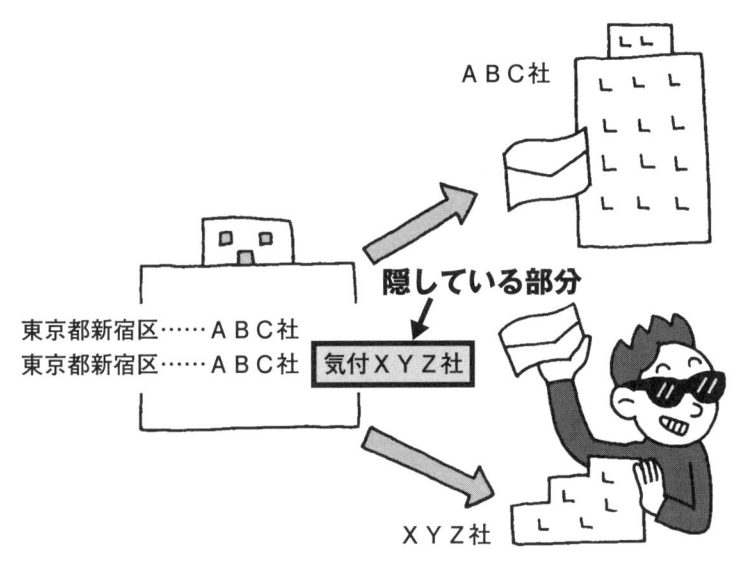

同じ宛先に見えるが、別のところに配達される

それを防ぐ方法は色々ありますが、一番簡単なのは、アドレス・バーに直接入力することです。自分で入力する場合、後半の見えない部分を入力することはできませんから、悪意のある場所に飛ぶことはありません。それでも疑わしい場合は、ここで表示画面を閉じてしまうことです。

いずれにしても、ドアを開ける前に怪しい人でないかどうかを確認するような作業を忘れないようにしてください。

第2部 第5章
情報の信頼性

過去の事例から学ぶ

　嘘つきの言うことを信じる人はいません。過去に何度も騙されていたら、最初から耳を塞ぐのが普通です。ところが、インターネット上での事件は、同じことが繰り返されています。振り込め詐欺や架空請求、繰り返し手口が放映され注意を促していますが、やはり被害が後を絶ちません。

　これだけメディアで取り上げられ、防止策が報じられているのに、また同じ犯罪が繰り返されるのは、被害者の勉強不足も原因のひとつといえるのではないでしょうか。

　情報化社会に暮らす私達は、被害にあわないために自衛する必要があります。新聞やテレビ、あるいは雑誌などの犯罪防止の記事に目を向け、他人事と思わずに被害を回避する方法を頭に入れておきましょう。

　また、オークションやネット・ショッピングで、お金を支払う前に、出品者の履歴や評価の欄を確認する程度のことは、自衛手段のひとつです。

事実と意見とを区別する

　発信元を確認し、過去の実績も信頼できる場合には、多分それは本当に信頼できる情報でしょう。少なくとも、悪意による情報でないと判断することができます。

　次の段階は、内容の確認です。内容については、「事実」と「意見」とを区別する習慣をつけるようにしましょう。

　情報には、事実と意見とが混在していることがあります。すばやくそれを区別することは、大変重要なことです。

5.2 情報の信頼性を高める方法

　たとえば、"あの赤い花は美しい"と言ったとき、"花が赤い"のは「事実」であり、"美しい"のは「意見」なのです。発言した人にとっては、両方とも真実ですが、他人にとっては、"花が赤い"ことだけが事実です。"美しい"ことは事実でない場合もありうるのです。

　花の例では区別する理由が分からないかもしれませんが、"私は100万円出したら100万円儲かったから、あなたも100万円出せば、きっと倍になるでしょう"と言われた場合を考えてみてください。この言葉を信じて100万円出したら、どうなるでしょうか。話し手が儲かったのが事実であっても"倍になる"保証はありません。"きっと倍になる"のは意見なのです。やはり区別する必要がありますね。

　それでは、「事実」だけを大切な情報として受け取り、「意見」は切り捨てるのかというと、そうではありません。「意見」のほうが重要な

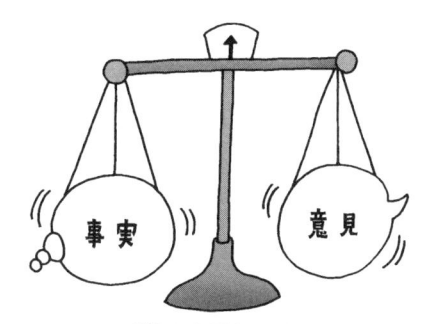

どちらも重さは同じ

場合もあります。大切なことは、「事実」と「意見」とを混同しないことです。"これは事実"、"これは意見"と区別する習慣をつけて訓練しましょう。

「意見」に関しては、"私の意見は"と、自分の意見を並べて思い浮かべるようにするとよいでしょう。"あの花は赤い"という事実に対して、彼女の意見は"きれい"だが、私の意見は"黄色のほうがきれいだ"と、心の中で言ってみるのです。それだけで、情報の真偽を判別する力がつきます。

外装にとらわれない

大切なのは中身、と分かっていても、外装に惑わされるのが人間です。同じ品物であっても、きれいな包装紙とリボンで包まれているほうが高級品に思われます。第1部で、議員や教授のように立派な肩書きでも、品格の欠けている人々のことを述べました。肩書きだけで、つい信じてしまうのが人間です。「情報」に関しても全く同じです。同じ情報でも、メモ用紙に手書きの情報よりも、印刷された情報を、信じてしまいがちです。

外装に騙されないように！

5.2 情報の信頼性を高める方法

「これはコンピュータが計算したものです」というだけで信じてしまうことがあります。耐震強度偽装事件では、コンピュータの入力を偽装したため、最終的に印刷された書類は、形式がきちんと整っていました。意識して見なければ、つい見過ごしてしまいます。インターネットでの詐欺も、一流銀行とほぼ同じ画面なために騙されることが多いようです。振り込め詐欺も、「こちらは警察です」、「こちらは弁護士です」という言葉に騙されてしまうのです。

もちろん、外装は大切です。"どんぶり"を思い出してください。トッピングの重要性は十分理解していただいたはずです。しかし、本質は、"白いご飯"にあるのです。人間でも情報でも、トッピングの味と香りを楽しみながら、一番大切な"白いご飯"の味を忘れてはいけないことを肝に銘じておきましょう。

他の人の意見を聞く

情報の信頼性を高めるには、やはり最終的には人間関係です。黒い雲がたちこめているのに、天気予報は"一日中晴れ"の場合、黙って傘を持っていくよりも、"どう思う？傘、必要かしら"と誰かに聞くほうが、信頼性が増します。一人の意見よりも二人、三人の意見が合わさるほうが、より確実な情報となります。

三人寄れば文殊の知恵

第2部 第5章
情報の信頼性

　天気予報のように予測がつかない場合は、人の知恵が役立つのです。多くの人々の知恵の結集が、さらに情報の真偽が当たる確率を高めることになります。

　実際に、振り込め詐欺で、お金を振り込む直前に、家族や友人、あるいは銀行員や警察官と話をしたことで未然に終わったケースが多々あるそうです。"本当かしら！"という不安な気持ちを一人で抱え込むことによって、さらに不安がつのり、お金を支払ってしまうのです。他人と話すことによって、客観的に、そして冷静に、情報の真偽を確認することができるのです。

第2節のポイント

- 発信元を確認する2つの方法を習慣づける。
- メディアなどで過去の実例から学ぶように心がける。
- 事実と意見とを区別し、さらに意見に関しては自分の意見を明確にするように習慣づける。
- 立派な肩書きや形式に目を惑わされることなく、本質を見るように心がける。
- 一人で判断するのではなく、他の人の意見を聞くと信頼性を高めることができる。そのためには、普段からの人間関係が大切である。

第2部

第6章

情報の流れ

この章のねらい

1. 自分の周りを取り巻く「情報」の流れを認識する。
2. 「情報」を汚さないように注意する。
3. 常に新鮮で美味しい水(情報)が流れるように一人ひとりが心がける。

6.1 情報の「収集」「処理」「発信」

ビジネスの世界に流れる川

　人生は川にたとえられますが、ビジネスという世界もまた川の流れのようなものです。川はいつも同じところにあります。しかし、その川の中を流れている水は、昨日流れていた水とは違います。毎日、毎分、毎秒、新しい水が流れてくるのです。

　ビジネスの世界も同じです。会社も、お店も、学校も、昨日と同じところにありますが、その中を毎日、情報という新しい水が流れています。

　川の水がよどんだら、川は死んでしまいます。同様に、情報の流れがとまったら、ビジネスの世界は死んだも同然です。川を清らかに保つには、ゴミを捨てたり、汚れた水を捨てたり、あるいは水を堰き止めたりしないように、川を使う人々、一人ひとりが注意しなければなりません。

清らかな水を汚さないように!

情報の流れ

　情報も同じです。情報を使う私達一人ひとりが、注意して、清らかな水の流れを保つようにする必要があります。自分の前を流れる情報を、むやみに留めたり、ゆがませたり、汚してはいけません。

6.1
情報の「収集」
「処理」「発信」

　「情報」は、人から人へ「言葉」を使って伝達されます。ここでも人間関係が大切になります。よい人間関係の中では、情報はスムーズに伝わります。人間関係が悪いところでは、情報がゆがんだり、とどまることが多いものです。
　この流れを、人間を中心に情報を捉えてみると、情報の「収集」、「処理」、「発信」という3段階に分けることができます。

　「情報収集」は、川の流れの中から自分のところに水を取り入れること、つまり情報を集めることです。「情報発信」は自分から水を川に流すこと、つまり情報を他人に伝達することです。では、真ん中の「処理」は、何でしょうか。情報の「保管」、「整理」、「加工」、「評価」など、私達が無意識のうちに頭の中で行っていることをさしています。それぞれのステップごとに、もう少し詳しく見ていきましょう。

第2部 第6章
情報の流れ

第1節のポイント

- ビジネスの世界の川に、「情報」という水が流れていると考えることができる。
- 「情報」という水がスムーズに流れるように、注意する必要がある。
- 情報を扱う人間を中心に考えると、情報は「収集」、「処理」、「発信」の3段階に分けることができる。

6.2 情報の収集

川の水を、ただ眺めているだけでは、目の前を通りすぎるだけで、飲むことも使うこともできません。情報も同様です。私たち自身が、収集する必要があるのです。

情報化社会の今、情報は溢れています。厳しい山を越えて川まで歩くような苦労は必要ありません。インターネットという蛇口を開くだけでよいのですから簡単です。しかし、単にインターネットで情報検索するのが得意だというだけでは、情報収集の達人ではありません。それは、単に蛇口をひねることができるというだけで、何の自慢にもなりません。

水質検査をする

むしろ、洪水状態の中で美味しい水を探すほうが難しいといえます。不要な情報を排除し、大切な情報だけを収集する必要があるのです。

美味しい水、つまり"真実であり"自分にとって"有益な"水だけを飲むように心がけることが大切です。また、万一、毒となる水、つまり不要なだけでなく害となる情報を飲んでしまった場合は、直ちに吐き出す

水質検査は使用者の責任

努力をすることと、その害を他に及ぼさないために、川に流さないようにしなければなりません。つまり、自分の害を最小限にして、他に広げない努力が必要です。

　"チェーンメール"を知っていますか。"このメールを5人の人に送ってください"などと書かれていることから、受け取った人が5名に、その5名がさらにそれぞれ5名に送る、ということの繰り返しが起こり、メールが鎖のようにつながっていくことです。実際には善意から始まったも

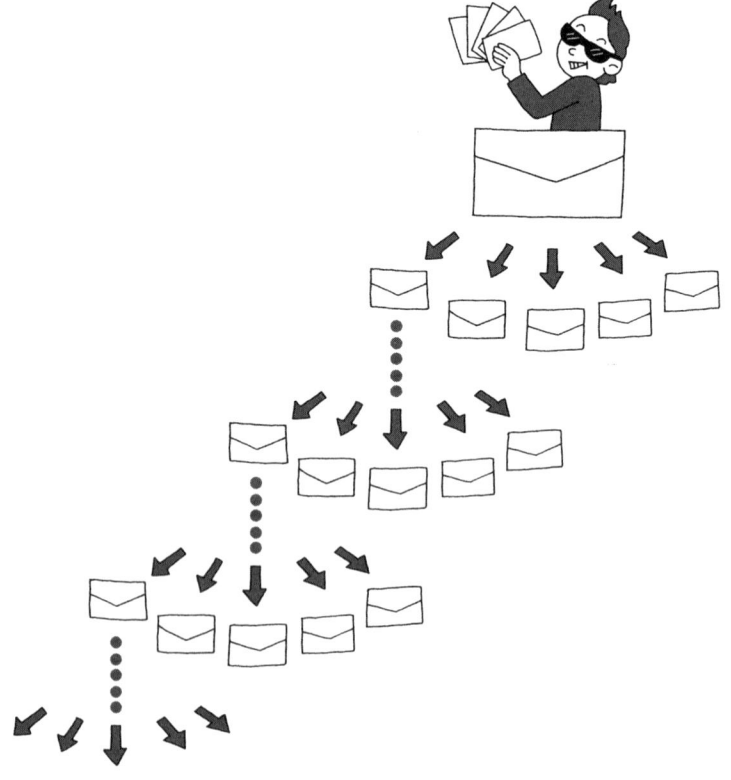

誰かが止めないと混乱を引き起こす

6.2 情報の収集

のもありますが、ネットワークに負荷がかかって障害が起きたり、デマや嘘が流布して多くの人が迷惑を被ったりすることがあります。

　親しい友人から、"ペットショップが倒産して子犬が殺されてしまうの。誰か飼い主を見つけるために、なるべく多くの友人にこのメールを転送してほしい"というメールを受け取ったら、どう考えるでしょうか。信用できる友人からのメールですから、嘘やデマとは疑わず、犬好きの友人にメールを転送するかもしれません。

　実際に"子犬100匹殺処分騒ぎ（2003年2月）"では、その身を案じて引き取り手を捜したり、役所や地元新聞社などへの問い合わせが殺到するなどして大混乱が起きました。他にも、"こんなコンピューターウイルスの伝染を防ぐために、なるべく早く、なるべく多くの友人に、このメールを転送してください"とか、"○○という芸能人が△△に今日現れるから集まって！"など、多くのチェーンメールが出回っています。

　"もしかしたらデマかもしれない"と思いながらも、"本当だったら大変！"と考えたり、"せっかくの善意が無駄になる"と迷ったりして、結局は多くの人に転送してしまうことが多いようです。

　安易に多くの人々に転送する前に、再確認してください。"川を汚す"というイメージを頭に描きながら、水質検査ならぬ情報の真偽の検査をするように心がけてください。

第2部 第6章
情報の流れ

自分で蛇口をひねる

　本当の洪水は、水のほうから押し寄せてきますが、情報の洪水は、何もしなければ目の前を行き過ぎるだけです。どんなに情報が多くても、それを利用しようという気持ちがなければ、荒れ狂う水の流れを見ているのと同じです。

　情報収集がむずかしい時代、興味ある記事を切り抜いて新聞をスクラップしたり、外国から雑誌を取り寄せたり、情報を収集する者が熱意をもっていました。情報を簡単に入手できる情報化社会であっても、"情報収集者が主体で動かなければ何も得られない"ということには、変わりがありません。

蛇口をひねらないと、水は出ない

　インターネットで情報検索をするのは、レポート提出が迫っているときや、観光旅行や劇場の情報が必要なときだけで、自らの知識や知性を深めるために使っていない人が多いのが実情のようです。いくら水が豊富な世の中でも、自ら蛇口をひねらなければ、喉の乾きを癒すことはできません。"いつでも勉強できる"という通信講座を申し込んで、いつまでも勉強しない状況と同じです。

　せっかく情報が満ち溢れている社会に生まれてきたのに、本当に必要な情報に飢えているとしたら、もったいないことだとは思いませんか。

6.2 情報の収集

本や新聞を読む

　最近は、本や新聞を読まない若者が増えたといわれています。インターネットだけを情報源とせずに、紙に印刷された活字からも、情報を得るようにすることで、本当の知識や知恵が、蓄積されます。

　印刷物からの情報と、パソコン画面からの情報では、異なる点があります。両方の特質を意識し、どちらか一辺倒に偏らないようにすることが重要です。

インターネットの情報検索だけでなく、本や新聞での情報収集も大切である

　通常インターネットで情報検索をするには、"このことを調べよう"という目的でパソコンに向かいます。ブログや掲示板など"何か面白いものはないか"と、特定の目的なしにパソコンに向かう若者もいますが、この場合も"何か"を探すために、目を皿のようにして次々に画面を追っていくものです。

　それに対して、新聞は、"読む"よりも"眺める"という言葉がふさわしい読み方をする場合が多いものです。そのため、何も得られない場合もありますし、思いもつかない貴重な情報を得られることもあります。効率は悪いようですが、こうして得られた情報が、知識として身になることが多いものです。

第2部 第6章
情報の流れ

　大変興味深いことですが、目の中心から入った情報よりも目の端から入った情報のほうが、人間の潜在意識の中に入り込むといわれています。たとえば、教室の窓の外の景色が「のどかな田園風景」と「都会の雑踏」では、人間性の育成に大きな違いがあるそうです。学生は教壇の上の先生を見ているのであって、窓の外を見ているわけではありませんが、目の端から、いろいろな情報が入ってきて、無意識のうちに、脳の中に蓄えられるのでしょう。

　新聞は大きな紙面の中に多種多様な記事が載っています。今読んでいる記事の隣のコラムの活字が目の端から入って、潜在的な知識として蓄えられることがあります。これは、人間の情報収集の方法として、大変すばら

情報は目からだけでなく体全体から入ってくる

しいことです。どんなに情報化が進んでも、この方法も捨て去るべきではありません。

　「本」の場合、新聞とは多少異なりますが、「活字」を目で追う、という点は同じです。"行間を読む"という言葉は、印刷された活字を読む場合に使います。文字として表現さ

6.2
情報の収集

れていないが、にじみでる作者の思いを感じながら、情報を収集することができます。

　インターネットで情報検索する方法と、印刷された活字から情報検索する方法とは、水を飲むのに蛇口をひねる方法と、深山で湧き水を両手ですくう方法とがあるのと同じです。蛇口をひねれば「水を飲む」という目的は達せられますが、両手に感じる温度、水しぶき、水の音、匂いなど別の多くの情報を得ることはできません。体全体に染み込んでくる情報は、喉だけでなく体中の乾きを癒してくれるのです。情報化社会だからこそ、本や新聞の重要性を理解する必要があります。

・どちらも喉の渇きを癒す
・どちらの方法も大切である

第2部 第6章
情報の流れ

第2節のポイント

- 情報収集で大切なのは、有益な情報を選択することである。
- 有害な情報が流れてきた場合には、さらに広げないようにする。
- 自ら情報を収集しようと努力することが大切である。待っているだけでは、情報は通り過ぎるだけである。
- インターネットだけに頼らず、本や新聞からも情報収集するように努める。

6.3 情報の処理

「処理」という言葉は、いろいろな事柄を含んでいます。私達人間の脳で情報がどのように処理されていくのかを考えてみると分かりやすいでしょう。処理は、「記憶する」と「考える」の大きく2種類に分けることができます。

「記憶する」は、情報を保管する、つまり記録することで、理解しやすいでしょう。しかし、「考える」は一言ではいえないほど、色々な意味があります。"計算""整理""加工""評価""判断""予測""決意""分析"など、一般に"人間らしさ"を表す行為をさしています。

ここでは、あまりむずかしく考えずに、情報の処理を図に示すように、「記憶する」と「考える」の2面からみていきましょう。「考える」については、「計算する」だけ少し別に説明します。

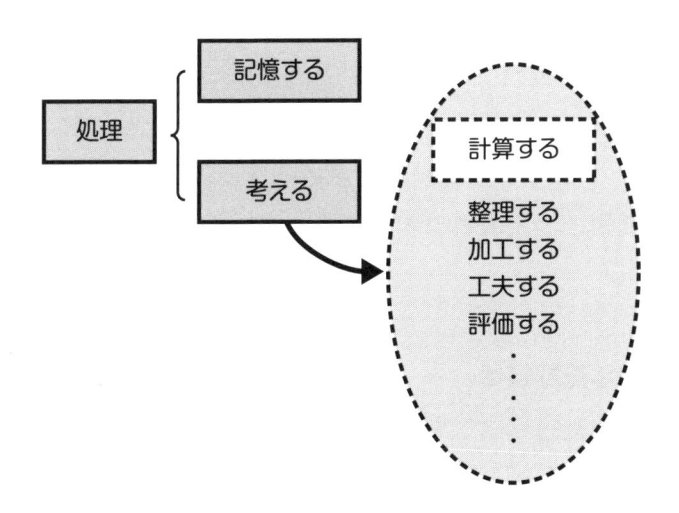

6.3.1 記憶する

「記憶する」ということは、人間にとって非常に重要な機能です。昔から、"頭がよい"といわれる人は、抜群の記憶力を持っている人でした。しかし、どんなに頭がよくても人間の脳には限界があり、その人の寿命にも限りがあります。そこで人間は、自分の脳だけに頼らず、紙に書くなど、外部に情報を保管して多くの記録をしてきました。

紙という記録媒体

もし紙や文字がなかったら、人類の歴史は残されなかったことでしょう。そういう意味で「紙」はすばらしい発明といえます。しかし、残念ながら、以下のような欠点があります。

- 燃えやすい
- 劣化しやすい
- 容量が増える（かさばる）
- 重量が増える（重い）

記録して情報を保管する

そのため大容量の資料は、個人では保管しきれず、図書館のような特別な施設で保管されました。過去には、重要な情報が、火事や洪水などで、失われたことが多くありました。

電子的な記録媒体

情報化社会では、紙に変わってCD、MD、ハードディスク、フロッピー・ディスクなど、多くの種類の電子的な

記憶媒体が使われています。多くの人が使用している携帯電話も、電子媒体のひとつです。知人の電話番号やメールを記録していることからも分かりますね。

　これら電子媒体には、以下ような長所があります。
- 小型で軽い
- 大容量の記録ができる
- 記録や更新、削除が簡単
- 価格が安定している
- 燃えにくい

　重い百科事典や辞書も、軽い電子辞書として持ち運べます。紙の欠点をカバーした理想的な記録媒体といえます。では、これらの記録媒体には欠点はないのでしょうか。

電子媒体の欠点

　従来の「紙」と、新しい「電子媒体」とを比較しながら、電子媒体の欠点を確認しておきましょう。

　紙は燃やせばなくなります。古くなれば、黄ばんで文字はかすれてきます。遺跡で発見された古文書は、その古さによって時代考証ができま

す。シャーロック・ホームズでなくても、事件にかかわる証拠の文書は、そこに残された筆跡や指紋によって、犯人やその他のことが判別できます。

　ところが、電子媒体に記憶した情報は古くなりません。たった今書いたものも、3年前に書いたものも、同じように印刷することができるのです。筆跡鑑定もできません。

　偽メール事件で、民主党の党首が交代する（2006年4月）というような出来事がありましたが、もし手書きの手紙であったら、最初から存在しえなかった事件です。

　また最近、情報改ざん、および漏洩が多発し問題になっています。こうした事件は、"簡単にデータの更新ができる"、"軽くて小型で大容量の記録ができる"など、電子媒体の優れていることによって、引き起こされているのです。情報化社会だからこそ、起こりえる事件なのです。

　2005年4月には「個人情報保護法」が施行されましたが、新聞を見ると、毎日のように情報漏洩関連の事件が報じられています。あまり頻繁にあるため、それほど注目されなくなってしまいましたが、いつ皆さん個人が被害にあう

6.3
情報の処理

かもしれない恐ろしく身近な事件です。

　警察から犯罪人の個人情報が漏洩した、学校の先生が学生の試験の成績を入れたデータを紛失した、通販会社の顧客情報が盗まれた、というニュースが頻繁に発生しますが、すべては、簡単に記録できる媒体があるからなのです。

　もし、紙に書いた顧客情報であったら、容易に盗むことも、それを悪用するために情報照会することも難しいでしょう。電子記憶媒体の長所が、これらの犯罪を可能にしているとは、皮肉なものです。

　では、犯罪さえ考えなければ、つまり世の中のすべての人が善意であれば、欠点はないのでしょうか。

　実はもうひとつ大きな欠点があるのです。それは「記録」という本来の目的を達成するためには、必ずコンピュータが必要だということです。

　フロッピーの中のデータは、どんなに目をこらしても、どんなに性能のよい虫眼鏡があっても読むことはできません。たとえ見えたとしても、文字を読めるわけではあり

ません。そこにはコード化された２進数の点が並んでいるだけです。記憶媒体があっても、人間の肉体の力だけでは、どうしようもないのです。

　電源がないところでコンピュータは使えません。災害などで、コンピュータが使えない状態になったら、どんなに重要なことを記録していても、全く役に立ちません。紙に書いた文書は、半分失っても残りの半分は役に立ちます。

　有名なロゼッタ・ストーンのように、石に刻んだ文字は、何世紀も後になって解読されることがありますが、フロッピーの破片を発見した後世の人は、その中の記録を情報として取り出すことはできないでしょう。

　だからといって、これらコンピュータによる情報の記録媒体を拒否する必要はありません。両方の長所と欠点とを認識した上で、上手に使っていくことが、情報化社会に生きる私達に必要なスキルだといえます。

6.3.2 考える

この節の最初に示した「考える」についての図を、もう一度確認しておきましょう。「考える」にはさまざまな行為が含まれています。その中で、「計算する」ことと、それ以外の行為とを分けて説明します。

計算する

「考える」の中の「計算」に関しては、「記憶」と同じぐらい昔から、人間は機械を使ってきました。少し前まで盛んに使われていたそろばんの起源は、なんと3,000年とも4,000年ともいわれます。メソポタミア、ギリシャ、ローマの時代を経て、中国から日本に渡来されたのは500年程度前だそうです。

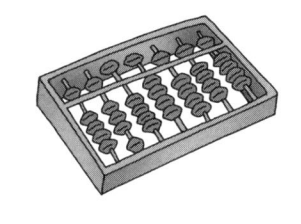

エジプトのピラミッドにしても、イギリスのストーン・ヘンジにしても、あるいは日本の古墳にしても、太陽や星の動きを綿密に計算した結果の建造物です。そういうことからも、人間は"考える"中で「計算する」に重点を置いていたことが分かります。想像を絶する天文学的な数字を駆使するには、色々な道具を使ったに違いありません。

人間なら何ヶ月もかかるような計算を、瞬時に行うコンピュータは、まさに夢の脳だったのです。そういう意味で、コンピュータを最初に「電子頭脳」と訳し、次に「電子計算機」と訳したのは、まさに正しい訳語だったといえます。

第2部 第6章
情報の流れ

　最近、暗算やそろばんが見直されています。それは、ここ数年脳の研究が盛んになり、単純な計算や暗算が脳を活性化するということが明らかになってきたからです。これは大変すばらしい発見といえます。脳の衰えを防ぐためにも、簡単な計算は自分の頭の中で行うようにしなければなりません。

　しかし"脳の活性化"という別の目的ではなく、単純に"計算する"という目的を考えた場合は、先人の教えからも、コンピュータという機械を使うことは理にかなっているといえるのではないでしょうか。Excelなどの表計算ソフトを勉強することも大切なことでしょう。

「計算」以外の「考える」

　"計算"以外の処理に関しては、"人間らしさ"の部分として、長い間、機械にはやらせないようにしてきました。また機械には"できない"と思われていたことも事実です。

　2003年生まれという設定の鉄腕アトムが世に出たのは1952年、もう50年以上前のことです。このとき人々は、西暦2000年は遥か先のことであり、まして人間のように考えるロボットは夢のまた夢と感じていました。

　しかし、今西暦2000年も過ぎ、人型ロボットが現実のものとなりました。すでに、持ち主との会話で言葉を少しずつ増やしたり、持ち主の行動で動作が変わっていくような人形や、犬や猫のロボットが現実のものとなっています。

　コンピュータの急速な発展で、大容量データの高速処理

6.3
情報の処理

が可能になりました。複雑な人間の動きや動物のしぐさなど膨大なデータを解析し、それを機械で再現できるようになったのです。外見は、人間と瓜二つのロボットが私達の生活に入り込んでくる日も間近でしょう。ペット型ロボットのかわいらしい仕草を見て、"まるで本物だ"とＩＴ技術を過大評価したくなることもあるでしょう。

　こうした現実を知っている私達は、近い将来、人間だけのものと思われた"考える"についてもコンピュータが代行する日がくることを容易に想像することができます。

　しかし、どんなに精巧なロボットができたとしても、コンピュータは道具です。機械は、生きている人間にも犬にもなれません。そのことは、しっかりと頭に入れておくべきことです。

　人の表情を見て一緒に泣いたり笑ったりするロボットができるでしょう。材質や汚れ具合によって洗剤調節する洗濯ロボットや、冷蔵庫の中の材料を工夫して料理を作ってくれる料理ロボットや、貴重品はそっと扱って拭くような掃除ロボットもできることでしょう。

確かに、そうした判断機能は、人間の「考える」という一部分を担っていることは事実です。しかし、人間の「考える」能力とは異なります。

洗濯ロボットが、
生地の種類や汚れを判断する

人間の考える能力

　ここで、人間の頭の中で「考える」ということを再確認してみましょう。日常生活の中の自分自身を振り返ってみると、脳の中では、一度にさまざまなことを考えています。

　たとえば、食事の支度をしながら、"日が照っているうちに洗濯物を干さなければ"、"そういえば、きのうのお肉が残っていたわ"、"そうそう、同窓会の葉書を出さなければ"、"あれ、テレビで何か面白そうなことを言っているわ"など、一瞬のうちに同時処理しています。

6.3
情報の処理

　特に何か心に気になることを抱えているときには、驚くほど複雑に頭の中を考えが巡っています。外見からは、台所で食事の準備をしている姿しか分かりませんが、頭の中は、色々なことが巡っているのが人間です。突拍子もないアイディアが浮かんだり、悩んでいたことの解決の糸口が見つかったりします。そうした"思いもしなかった"ことまでも処理してしまうのが人間の「考える」能力です。

　さらに、「情報の収集」の項で述べたように、人間は体全体で情報収集しているので、それが「考え」に影響することもあります。たとえば、小さな蚊にさされるだけで、また「考え」が別の方向に飛んでいくこともあります。

　これは、ロボットが行える「考える」とは大違いです。この諸々、アレコレとした複雑な考えこそが、人間が人間である理由です。だからこそ、地球上に60億以上の人間が生きていますが、誰一人として同じ人間がいなのです。

　そうした複雑な「考える」行為によって、人間は悩んだり、悲しんだり、苦しんだりしなければなりませんが、その分、喜びや楽しみや感動を味わうことができるのです。

外見は同じ双子でも、考えはそれぞれ違う

　人間の「考える」と、ロボットの「考える」の違いをき

ちんと区別しなければ、大きな錯覚を起こす可能性があります。発展し続ける情報技術の恩恵によって、ロボットに毎日の生活を援助してもらう日は、すぐそこまで来ているのです。一人ひとりが、人間とロボットの違いをしっかりと頭に入れておかないと、ロボットに期待しすぎて失望したり、あるいは必要以上に恐れて拒否したりすることになり、ロボットというすばらしい技術を利用することができなくなってしまいます。

6.3.3 処理の仕方

情報を処理する際の注意点は、"すばやく処理する"ということと、"正確に処理する"という2点です。

すばやく処理する

情報の価値は、流れることによって生まれます。理由なく情報を手元に置くということは、情報の処理を滞らせ、流れを止めることになります。前述のように「情報の流れ」は川の流れと同じです。せき止められた水はよどんで汚れてきます。最初は目立たない汚れでも、いつの間にか魚も住めない死の川となってしまいます。そうなってから、また澄んだ川に戻すには、大変な労力が必要です。

たとえば、お客様から何かを調べてほしいという依頼の

6.3 情報の処理

メールを受け取ったとしましょう。すぐに処理して返信すれば何も問題は起きませんが、調べるのに手間取るような場合はすぐに回答できません。調査に３日間かかると仮定して、どのように対処するでしょうか。

　１）調査が終わってから、回答の返信メールをする
　２）「調査に時間がかかります。３日程度お待ちください」とメールをしておく

１）の方法の場合は、流れが３日間とまってしまいます。お客様は３日間、どうなることかと気をもむことになります。そのために他の仕事の処理も滞る可能性もあります。２）の場合、回答はできなくても、流れはとまりません。"３日かかる"という情報がお客様に流れていきます。お客様は、３日の間に先にできることを処理することもできるし、仕事の手順を変えることもできます。

１）の方法を続けていくと、いつの間にかお客様との間の水が濁ってくるものです。ちょっとした気遣いで流れを止めないようにすることができるのです。

親と子、教師と学生、上司と部下、役所と住民、その他多くの人間関係の中で、新鮮な水のような「情報」が流れるよう、一人ひとりが心がける必要があるのです。

水をとめる岩にならないように！

正確に処理する

　処理は、"速ければよい"というものではありません。正確に処理しなければなりません。故意にゆがめたり、改ざんすることは、マナー違反です。せっかく自分のところに流れてきた無色透明な澄んだ水に、変な色をつけたり、悪い味をつけたりして外に流すようなものです。

　2006年5月、社会保険庁の年金保険料不正免除の事件が発覚し、社会問題になりました。年金保険料未納者が多く、高齢者を支える仕組みが危うくなったので、未納者を減らしたいと考えたことが事件の発端です。未納者を減らすことは、社会保険庁の仕事として正しいことです。しかし、本当の問題解決をせずに、数字を改ざんすることで、未納者の割合を減らそうとしたことに問題があります。

　数字を操作することは、ちょっとした知恵があれば、誰でも可能です。未納者の割合を減らすことが、目標に掲げられたので、未納者に支払ってもらう努力をせずに、母数を減らすことを考えたのです。

　納付対象者の中で低所得者は、申請すれば保険料を免除され、無年金者とはなりません。年金額は

大幅に減りますが、保険料を支払わなくてよいので、低所得者本人にとっては、大変ありがたい制度です。

そこで本人の了解なしに、社会保険庁の職員が勝手に免除の申請書を作成しました。免除された人は、支払うべき人の数に入りませんから、母数が減り、その結果「未納者の割合が減る」ということになります。まるで手品のように、数字が操作されました。

上司が掲げた"未納者の割合を下げる"という目標に近づくことができるし、保険料を免除された人々も喜ぶの

未納者割合　　免除対象者

しかし…
☆長年保険料を支払ってきた人々の年金は?
☆本来の業務は?
☆改ざんの調査・是正・修復などの作業量は?
　　……その他もろもろ……

で、一挙両得ではないかと安易に考えたのです。なかには、"代わりに書類を書いてあげている"と親切な行為と誤解していた職員もいたようです。確かに、耐震強度偽装事件（2005年）とは異なり、個人の利益のための自分本位の偽装とは異なります。当事者たちも、あまり罪の意識を感じなかったかもしれません。

　しかし、本人の承認も取らずに勝手に書類に記入することは、絶対に許されることではありません。しかも、保険料の支払い促進という本来の業務目的をないがしろにし、作為的にデータを改ざんしたのですから、言語道断です。

　「ビジネスマナーは、ビジネスに直結する」という点を思い出してください。損失を生むこと自体、ビジネスマナーに反するのです。

　今回の保険料不正免除事件で、どれだけの損失があったでしょうか。多くの職員が処分され、罰せられました。支払い免除者が増えたことによって、かえって根本的な問題が大きくなりました。多くの職員が、本来の社会保険庁の業務ではなく、不正を調べ、それを是正する仕事をしなければなりません。こうした後始末の業務は、全く生産性のない仕事です。社会全体にとって大きな損失になりました。

　単に"みんなニコニコ"、"お互いに気持ちよく"では済まされないところに、ビジネスマナーの厳しい一面があります。このことを、きちんと頭に入れておく必要があります。一人ひとりが、情報を正確に処理することの重要性と、その影響について考えるべきです。

正確に処理するための姿勢

　特に組織全体が巻き込まれている場合、この"正確に処理する"という点を、自分なりに明確にしておかないと、誰もが社会保険庁の職員と同じような状況に陥る可能性があります。実際、このような事柄に巻き込まれたときに、正しい行動ができるかどうかは、常に自分なりの信念やポリシーといったものを持っているかどうかに依存します。どこまでは許されるが、どこからは絶対に許せない、という線を引けるように、常日頃から"良心"の刃を研ぎ澄ましておくことが大切です。これは、大変むずかしいことですが、重要なことです。

　信念やポリシーの基準は、人それぞれ異なりますので、ここで"どうあるべき"ということはできません。しかし、ひとつの方法として、"少し離れてみる"ということが、ヒントになるのではないでしょうか。

どんなときにもマナーを守ろう！

"虫の目でなく鳥の目で眺める"つもりで鳥瞰図を描くのです。組織を遥か上から眺めてみると、全体像が見えて、正しいことと間違ったこととの区別ができることがあります。あるいは、"今から5年先はどうなるか"というように時間的に今の状況から離れてみるのもよいと思います。いずれにしても、渦中から離れてみることをお勧めします。

第2部 第6章
情報の流れ

第3節のポイント

- 情報の処理は、「記憶」と「思考」に分類できる。「思考」は、さらに「計算」と「それ以外」に分類できる。
- 「記憶」は、紙と電子媒体の両方の特徴を生かして利用するとよい。
- 「計算」は、IT技術に任せると効率がよい。
- 「計算以外の思考」はIT技術でできる部分はあるが、人間と同じではない。
- 処理は、すばやく正確に行うべきである。
- 処理を正確にするためには、自分なりの信念やポリシーを持つことが必要である。

6.4 情報の発信

情報の流れの最後は発信です。情報化社会においては、情報を発信する方法はいろいろあります。eメールを初めとし、個人的なホームページを作成したり、掲示板に書き込みをしたり、従来の方法に比べて多種多様になりました。個人と個人の間だけでなく、多人数を相手にプレゼンテーションをする場合も、マルチメディアを使うことによって、映像や音声を簡単に取り込めるようになり、豊富なツールが準備されています。

しかし、発信する情報の本質は同じです。もちろん、映像や音声もありますが、主体は「言葉」による情報です。"言葉を使って、情報を伝達する"という点に変わりはありません。

言葉を通じて発信する

言葉には、「話し言葉」と「書き言葉」があります。本来、「話し言葉」は相手と対面しているときに使われるものであり、「書き言葉」は、そのときに対面していない相手に対して伝達する手段です。しかし現在、eメールや携帯電話の発展と

ともに、「話し言葉」を書いて送信することが行われるようになりました。そのほうが人間味があり身近に感じられるのですが、反対に、人によっては"失礼だ"と感じたり、あるいは誤解を生じたりします。

　第1部第3章の「コミュニケーションの3要素」で学習したように、メールの場合、一番真意を伝える「表情や態度」は見えません。「声の調子」を伝えることもできません。だからこそ、伝達できない部分を補うために「言葉」に十分注意を払う必要があるのです。

　現代人が「言葉」に対して無頓着かというと、そうではありません。ここ数年「日本語ブーム」が起き、テレビのクイズ番組でも日本語が取り上げられ、「日本語」関連のマニュアル本が売れるなどの風潮がみられます。「言葉」に対して、神経を使うという傾向は、大変よいことです。

　それほど「言葉」に神経を使っているのに、なぜ問題が起きるのでしょうか。"正しい日本語を使う"ということよりも"相手に通じる"ほうが大切なことを忘れているのではないでしょうか。

　クイズに正解しても、それを上手に使えなければ役に立ちません。情報の発信で大切なのは、相手に受け止めてもらうことです。発信する相手が受け止めなければ、それは

6.4 情報の発信

"発信した"とはいえません。相手の立場に立ち、相手が理解できる言葉を使って、情報を発信することが大切です。

　コミュニケーションの方法や、話し言葉や敬語の使い方、プレゼンテーションの方法などについては、紙面の都合上ここでは触れません。それぞれの情報発信の方法について、きちんと勉強する必要があります。また、メールで情報発信をする場合の具体的なマナーは、「Microsoft Office 2003を使った情報リテラシーの基礎（近代科学社）」の第1章を参照してください。

川を汚さない

　情報発信で重要な点は、"川の水を汚してはいけない"ということです。情報を発信するということは、情報の大河に一滴の水を流すことです。

　不確かな情報を発信したり、中傷誹謗や有害情報を発信したり、あるいは他人のプライバシーを侵害するような情報発信が日常的に行われています。そうした

流した水で情報の川を汚さない

情報によって、多くの人々が迷惑を被り、損害を受けます。
　一時はヘドロ化した東京と神奈川の間を流れる多摩川にも鮭や鮎が戻ってきたそうです。澄んだ川に戻すために、

周辺住民一人ひとりが、"私は汚れた水を川に流さない"という決意をし、また捨てられてゴミを回収しました。その労力は、大変なものだと思いますが、澄んだ水が戻ってきたという事実を考えると、私達が暮らす情報化社会の情報の川も、一人ひとりの決意で澄んだ水に戻すことができるはずです。

　簡単にできることは、情報発信するときに、その情報を次に受け取る人のことを考えることです。「次の人」だけでよいのです。「次の次の人」と先々を考えるよりも現実的です。情報を手渡しするつもりで、「はい、よろしく！」と渡していくことです。

　それは特定の一人の場合もあるし、不特定多数の場合もあるでしょう。メールの場合は、簡単に受信者の顔を思い浮かべることができるはずです。プレゼンテーションの場合は、大勢ですから容易ではないかもしれません。しかし、目前にいる人々が「ありがとう」と受け取ってくれることを考えるだけでよいのです。こうして、一人ひとりが、「次の人」に正しい情報を渡せば、全体として美しい水を保つことができるはずです。

受け渡す次の人のことを考える

　よく"言いたいことを言ってせいせいした"というような言葉を聞くことがあります。あるいは、自分の中にス

6.4 情報の発信

トレスをためておくよりも、何でも口に出したほうがよいという意見もあります。確かに、自宅に溜まった汚れた水を外に流したら、自宅が美しくなって気持ちがよくなるでしょう。しかし、流す場所を考えるべきです。隣の家の庭に流したら、流された方が困ります。"覆水盆に返らず"という言葉を知っていますか。盆からこぼれた水は元に戻せない、という意味です。この言葉通り、本当の川も情報の川も、汚い水を流した後には元に戻せません。いったん口から出た言葉は、消しゴムで消すわけには、いかないのです。

　アンデルセン物語だったかと思いますが、口を開くとゴミが飛び出すお姫様と、口を開くと美しい花が飛び出すお姫様の話がありました。まさに、情報を発信するときの人間の姿と捉えることができます。川を汚すのは人間です。その人間の一人にならないようにしたいものです。

情報発信は、ゴミを捨てるのではなく、花を咲かせるように！

第2部 第6章
情報の流れ

第4節のポイント

- 情報の発信は「言葉」を通じて行われる。
- 情報を受け取る人に、手渡しするつもりで発信するように心がける。
- 情報の川を汚すものは発信しない。

第2部

第7章

情報の表現

この章のねらい

1. 「デジタル」と「アナログ」の意味を
   きちんと理解する。
2. 「本質」と「表現」を区別する。

第2部 第7章
情報の表現

7.1 デジタルとアナログ

"デジタル"と"アナログ"という言葉

　2003年12月から関東、近畿、中京の3広域圏でテレビの地上デジタル放送が始まり、2006年6月には時の総務大臣が「2011年は完全デジタル元年とする」と宣言しました。

　「デジタル放送」だと、地域に関係なく高品質な画像や音声が受信でき、双方向番組も可能であり、福祉や暮らしに役立つ情報満載で、前宣伝によると、"よいことづくめ"のようです。

デジタル放送はよいことづくめ？

　こうした前宣伝の効果でしょうか。最近では日常会話の中で"デジタル"や"アナログ"が使われるようになりました。なんとなく、"デジタルは新しく、よいもの"であり、"アナログは古く遅れている"という概念が定着しつつあるようです。携帯電話やコンピュータなどの情報機器を使

7.1 デジタルとアナログ

えないときに"私はアナログ人間だから"と言い訳に使うことがありますし、コンピュータを少し使うことができる数字に強い人を"デジタル人間"と呼んだりします。あるいは都会よりも田舎が好きで自然派の人が"アナログ人間"と言われることもあります。

言葉の使い方だけの問題ならよいのですが、人によっては、非難に感じたり、遅れていると焦ったり、不安に思ったりします。

いったい、本当の意味は、どういうことなのでしょうか。

本質と表現方法

デジタル放送が始まる前まで、"デジタル"というと、時計のことを想像する人が多かったようです。昔ながらのアナログ時計に対して、数字で表示するデジタル時計を対比していました。

このときには、"デジタル"と"アナログ"は、単に「時」を表現する方法であることを、誰もが理解していたと思います。

　ところが、その言葉が「放送」や「通信」や「コンピュータ」と一緒に使われるようになると、急に「本質」なのか「表現」なのかが不明確になってしまったようです。

　"アナログ"も"デジタル"も、「本質」ではなく、「表現する方法」であることを、再確認しましょう。

　「時」の本質は、人によって、状況によって、あるいは場所によって異なることを、私達は経験から理解しています。出勤時に電車を待つときには２分でも長く感じますが、友人とおしゃべりをしていると１時間がアッという間に過ぎていきます。誰もが、心配事をかかえて"一日千秋の思い"という言葉が身にしみる経験を持っていると思います。人生経験の浅い小さな子供であっても、母親の帰りを待つ時間と楽しい遊びをしている時間の違いを区別できるでしょう。それが「時」の実態であり、本質です。

　しかし、人や状況によって「時間」の長さが変わっては、日常生活に支障が出てきます。そのため、いつでも誰でも同じ単位で計ることができるように、１時間、１分、１秒という単位を決め、それを「時計」という道具で測りました。

7.1 デジタルとアナログ

　最初は水時計、砂時計、香時計など、いろいろと工夫を重ねてゼンマイ仕掛けのアナログの時計ができました。"大きなノッポの古時計"と歌われるように、100年も正確に時を刻みました。そうした経緯から、その時計がデジタルに変わり、表示方法が変わっても、あまり違和感を覚えずに受け入れられたのです。

　"デジタル時計は便利だ"、"いや、アナログのほうが感覚にあってよい"、"安価で正確なのはデジタル時計だ"などの議論はあっても、誰も「時」の進み方が変わったとは思っていません。「時計」という道具によって、表示方法や伝達方法が変わっても、「時」は昔から同じように流れていくという、本質をしっかりと理解しているからです。

　この「時間と時計の関係」は、「情報」でも「人間」でも全く同じです。本質がデジタル化するわけではありません。どんなにコンピュータを駆使し、メディアに強い人間であっても、その中に流れる血液は連続して流れ、思考は流れます。黒白の判断をつけるときにも、頭の中には色々な考えが流れています。

　最近はサイボーグ技術が発展し、脳の指令に従って動く義手や義足が開発されました。手や足を失った人々にとっては夢のような義手、義足です。この場合、それらの手や足は"コンピュータ"ですから、"デジタル手"、"デジタル足"と呼ぶことは間違いではありません。しかし、その手足を使用している人間を"デジタル人間"と呼ぶことはできま

せん。人間の本質がデジタルになるわけではないからです。次項以降で、もう少し詳細に説明しましょう。

アナログ表現

「アナログ（analog）」を辞書で調べると、"物質・システムなどの状態を連続的に変化する物理量によって表現すること（大辞林）"とあります。少し理解しにくいようですが、"連続的に変化する"という点がキーワードです。

アナログという言葉の語源をたどると、アナロジー（analogy）という言葉と同じです。これは、"類似、類推、類比、共通点"などの意味があります。つまり、"物事の「本質」と似ている"という場合に使われる言葉です。

たとえば、今話題のモナリザでも結構ですが、皆さんの目の前にすばらしい絵画があったと想像してください。絵は「本物」、「本質」です。この感動を誰かに伝えたいとしたら、どうしますか。

本物そっくりに模写して感動を伝える

ひとつの方法は、言葉を使って説明することですが、それでは本物のすばらしさを伝えることはできません。きっと、誰でもなるべく

7.1 デジタルとアナログ

本物に似ているように模写しようと思うのではないでしょうか。こうした作業は盗作ではありません。感動を伝えるための伝達方法なのです。これを"アナログ"といいます。"本物を類推できるほど、本物に似ている"絵を描くことは、"アナログ"表現です。

　この方法は、本物に似ているという点で情報伝達には良い方法です。しかし5人、10人と次々に模写して伝達していったら、どうなるでしょうか。伝言ゲームと同様、だんだんと最初の情報とは変わっていってしまいます。アナログ表現では、途中で混じりこんだ"汚れや雑音"を、そのまま伝達してしまうからです。

　従来のテープレコーダは、音声をアナログで伝達するものです。音の流れを、そのままテープに記録します。再生するときには、その音の流れどおりに"本物そっくり似せて"音を出すわけです。しかし、コピーを繰り返していくと、本物からだんだんとかけ離れていくことになります。

アナログで伝達する

　"アナログ"という言葉が、表現や伝達方法を意味することが理解できたと思います。併せて、「本物」あるいは「本

質」を"アナログ"ということは、言葉の使い方として間違っていることも理解できたことでしょう。「時間」も「人間」も「情報」も、その物自体を"アナログ"とはいえません。それらは「本物」、「本質」なのです。

デジタル表現

　「デジタル（digital）」を辞書で調べると、"連続的な量を、段階的に区切って数字で表すこと。計器の測定値やコンピュータの計算結果を、数字で表示すること。数字表示。（大辞林）"とあります。ここでは"段階的に区切る"がキーワードになります。

　Digitalの元々の意味をたどってみると、「指」のことです。人間は、数を数えるときに指を使います。ここから、digitalという言葉は、「数」「桁」という意味になりました。指で数えている場合は、1の次は2、2の次は3となります。1.2や1.7という数字を数えるには、指は不向きです。ですから、1、2、と段階的に区切って数えます。連続する流れであっても、このように段階的に「数」として数えられるように伝達する方法が"デジタル"です。

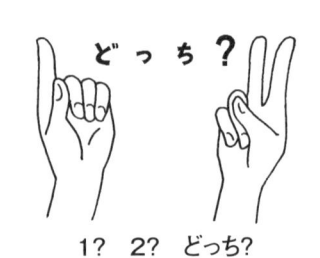

　コンピュータは、1と0との2進数で情報を記録するものです。ですから、デジタル表現はコンピュータにとって非常に都合のよい表現方法です。では、デジタル表現はコ

7.1
デジタルと
アナログ

ンピュータのための方法かというと、そうではありません。実はずいぶん昔から行っている方法なのです。

　織物や刺繍で図形を描く方法をご存知ですか。お習字の名手が書いた「の」という字を、刺繍にしようと考えた場合、最初は方眼紙に当てはめて、黒と白に塗り分け、型紙にします。黒く塗られたところだけに刺繍をしていくことによって、名手が書いた字を刺繍にすることができます。

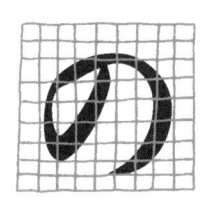

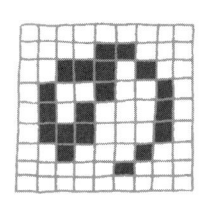

本物　　　方眼紙に当てる　　　マス目を埋める

　興味深いことに、どこの国でも昔から織物や編み物、あるいは刺繍が行われてきました。ときには動物や植物、あるいは自然の風景などを模様として、織り込んだり編み込んだりしています。これが、まさに"デジタル"方式です。

　この場合、方眼紙の目が粗ければ、「本物」との相違が大きくなります。ガタガタが気になり、もっと滑らかにしたいと思うでしょう。マス目を細かくすれば、より滑らかになりますが、それだけ手間も時間もかかるわけです。

　この方法の特徴は、技術の熟練具合に関係なく、誰が実施しても同じ図形が描けることです。碁盤の目を埋めていくわけですから、間違いさえしなければ、5人10人と伝達していっても、同じ図形が描けるでしょう。ここが、

"アナログ"方式の伝達方法と異なる点です。

デジタル方式の品質向上

デジタルで表現する場合、段階的になるため、どうしても滑らかさに欠けることになります。それでは"デジタル放送は高画質、高音質"というセリフは間違いでしょうか。

初期のデジタル・カメラで写した写真は"粗い"感じがあり、"やっぱりカメラはアナログでなきゃ"といわれていました。ところが最近では"デジタルも、アナログとほとんど変わりない"といわれます。

上述の織物や刺繍の例で示した方眼紙の目を、だんだんと細かくしていく過程と同じです。無形文化財保持者（人間国宝）が織った物で、虫眼鏡で見ないと織目が分からないものもあります。これは、ほとんど滑らかで、アナログで描いたものと同じと思えます。

簡単に"目を細かくする"といいますが、実は大変なことです。先ほどの「の」の一部を取り出してみましょう。

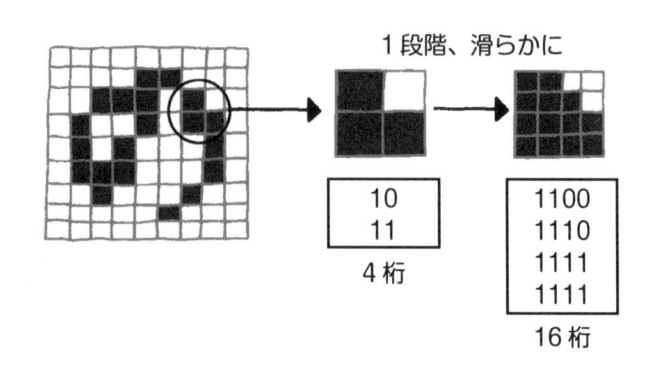

1段階、滑らかに

10
11
4桁

1100
1110
1111
1111
16桁

7.1 デジタルとアナログ

　この図でも分かるように、1段階滑らかにするためには、4倍の目の細かさが必要になります。コンピュータ的に「黒を1」、「白を0」として表現すると、4桁が一度に16桁になります。"もっと細かく"、"もっと、もっと"と品質の向上を図るためには、4倍ずつ精度を上げていく必要があるのです。

　コンピュータで処理する場合も同様で、精度を上げるということは、それだけデータを保管する必要がありますし、またその処理速度を上げる必要があります。

　"デジタル放送"で、高品質が保障される背景には、コンピュータの処理速度やデータを保管する媒体の密度が上がるという技術革新があるということが理解できたと思います。非常に目の細かい方眼紙に図形を描くようなことが実現したわけです。

　一般人に比べて優れた耳を持つ音楽家が"やはりデジタルのCDで聞くよりも、アナログのレコードがよい"というようなことを言っているのを聞くことがあります。またアナログのカメラしか使用しない写真家もいます。この人々には、それほど細かい方眼紙であっても、ギザギザが聞こえたり見えたりしてしまうというわけです。そこに"デジタル"方式の限界があります。

違いが分かる人もいる

表現方法の特徴

2つの表現方法をまとめておきましょう。

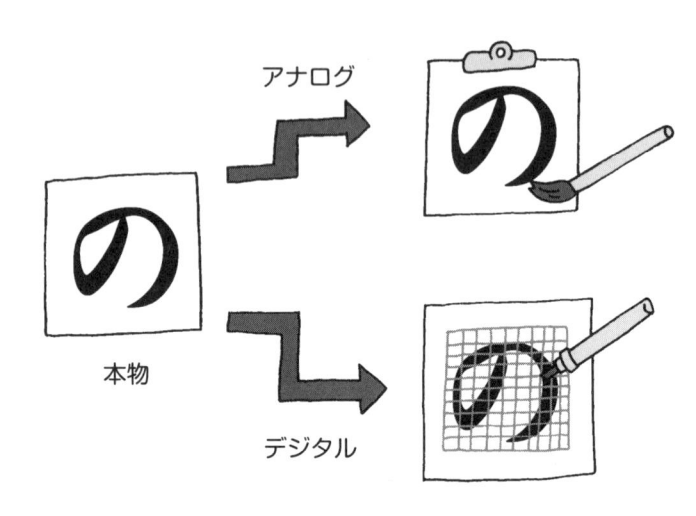

アナログ	デジタル
・流れをそのまま写し取って表現する ・熟練した技術が必要である ・伝達していく間に、変化していきやすい	・流れを段階に区切って表現する ・比較的単純な技術で実現できる ・どれだけ伝達していっても変化しにくい
⇩	⇩
人間にとって表現しやすい	コンピュータにとって表現しやすい

　こうして表にしてみると、「アナログ」も「デジタル」も表現方法であり、伝達方法であることが、より明確になります。また、「デジタル」がコンピュータに適していることもよく理解できます。

7.1 デジタルとアナログ

　むやみに"アナログだ"、"デジタルだ"と相反するものと捉えずに、両方の良い点を知った上で、適切に表現したり伝達することが大切です。

　第1章の「どんぶり」のたとえを思い出してください。情報に関しても当てはめて考えることができます。"白いご飯"こそが、一番重要な「本質」です。そして「本質」はアナログでもデジタルでもないのです。もちろん、この本を読んでいる読者は、本物の「人間」であるはずですから、アナログでもデジタルでもありません。

第1節のポイント

- "デジタル"や"アナログ"は、表現したり伝達する方法であり、「本質」ではない。
- "アナログ表現"は、絵画の模写のように本物そっくりに写し取って伝達することである。
- "デジタル表現"は、織物や編み物のように、本物を方眼紙に写し取って伝達する方法である。
- コンピュータで処理するには"デジタル"方式が適している。

■ おわりに

　情報化社会に生きる私達は、否が応でも溢れる情報の流れの中で生きていかなければなりません。

　情報は、「貴重なものと無駄なもの」という区別のほか、「有益なものと有害なもの」と分けることができます。テレビやインターネットを通じて流される大量の有害情報が、青少年の犯罪の増加に影響を与えています。有害な情報に毎日接していると、だんだんと人間としての正しい判断が鈍くなります。

　たとえば、暴力的シーンに頻繁に接していると、情緒不安定になり、現実と仮想の世界との区別ができなくなり、やがて、自分より弱い立場の人や動物に対して暴力をふるうようになる、ということが報道されています。

　情報化社会に生きる一人ひとりが、情報の「質」に注目して、人類の未来に役立つ情報を選択していく必要があります。情報の「質」を見極められ、それを活用できる能力が、情報化社会におけるマナーの基本となってきます。

　「情けは人のためならず」ということわざがあります。よく誤解されることわざのひとつに挙げられますが、本来の意味は、"情けをかけると、いつか巡りめぐって自分の

おわりに

元に返ってくる"という意味です。

　親切心でしたことなのに、感謝もされず、かえって迷惑がられ、"あぁ、馬鹿みたい！全くお人好しなんだから！"とさびしい気持ちになることがあります。しかし、「次の人」からは何も返ってこなくとも、その親切な心がけは、いつか自分の元に返ってくるものです。若いうちは"本当？"と疑問に思う人もいるかもしれませんが、人生経験の豊かな人に聞いてみると、例外なく"Yes!"という答えが返ってくるはずです。撒いたことも忘れていた種から、何十年後に芽が出てくることがあるのです。

　こうして図にしてみると、「情け」を「情報」に読み替えることができるということが分かります。さすが森鷗外ですね。「情」という文字を使った意味が理解できます。「情け」も「情報」も、いつか自分の元に返ってくることを、情報化社会に生きる私たちはしっかりと身にしみて覚えておきたいものです。

"情けは人のためならず"

■ あとがき

　この本を最後まで読んでくださったことを感謝します。ありがとうございました。これから社会で生きていくためにお役に立ったでしょうか。1つでも2つでも、何か得ることがあれば、幸いです。

　この本を書いた経緯を少しご説明します。長年、会社で研修を担当してきた私が、一番むずかしいと感じた研修は、「ビジネスマナー」研修でした。その理由のひとつは、私自身が多くのマナー違反をしていることです。"自分さえできないことを、他人に教えることはできない"と考えると、一歩も前に進むことができません。しかし、病気を治すお医者様も、時には病気になるのですからと、少しヘンな理屈をつけて、自分のことを棚に上げることにしました。

　ふたつ目の理由は、いくら、「挨拶」「言葉づかい」「社会人の常識」などを研修しても、すぐには研修の結果が出ないということです。「マナー」は、自転車に乗るのと同じで、理屈が分かったからといって、実行できるものではありません。しかし、自転車に乗るのと違って、理屈も分からずに練習しても体験だけでは身につくものではありません。きちんと理論を学んだ後で実践することが必要です。

　世の中を見ると、子供の世界では、いじめや自殺が相次ぎ、「心の教育」の大切さが叫ばれておりますが、それを教えるべき大人達の世界もまた「心の教育」が必要な状況です。このような世の中では、むずかしい心理学や精神医

あとがき

学も大切ですが、一人ひとりが、基本的なマナーを実践すれば、何か糸口を見つけられるのではないでしょうか。

そう思って、マナー関連の書籍を探してみましたが、残念ながら、マニュアル本ばかりが目立ち、本質に触れる本は片隅の目立たない場所に置かれています。本質に触れる本は、どちらかというと地味で、文字が多く読みづらい感じがするためなのかもしれません。

誰でもが簡単に読めて、倫理やマナーの本質を理解でき、さらに"何をするべきか"、"何をしてはいけないか"を自分自身で判断できる力がつくような本が必要だと思いました。しかし、そのような本を書くのは大変なことでした。

何度かやめてしまおうと思いました。別に誰かに命令されているわけでもないし、そんな本ができたところで誰も読まないかもしれないし、意図したことを理解してくれる人もいないかもしれない、と悲観的な考えに陥ることが多々ありました。

近代科学社の福澤編集長や編集部の松本さんをはじめ、多くの方々の後押しがなければ、きっと途中で挫折していたことでしょう。多くの友人や同僚が、書いた原稿の一字一句に目を通して校閲してくれました。人間関係の大切さを何度も痛感しながら、やっと出来上がった次第です。

ここに、サポートしてくださった多くの方々の変わらぬ友情とご支援に心から感謝します。

2006年12月

■ 索引

■英字／数字■

IT 18
IT産業 85
Web 7

■あ行■

挨拶の言葉 80
相手に通じる 148
アイデンティティ 51
アドレス・バー 111
アドレスの確認 110
アナログ 154,158
アナログ時計 155
アナログ人間 155
溢れる情報 107
甘え 84
ありがとうの言葉 80
歩く方向 98
アンバランス 31
いき過ぎ 87
意欲を持続 80
印刷された情報 114

印刷された書類 115
インターネット 6
　―で検索 13
　―でコミュニケーションを
　　取る 59
　―の掲示板 56
インターネット社会 54
ウイルス 100
ウイルス開発 101
ウェブ 7
受け入れられる素材 32
嘘 123
美しくなる方法 35
売り上げが伸びる 73,74
売り上げを伸ばす 72
エネルギー 78
円滑な人間関係 80,98
お金 83
お金で買えないもの 85
お金を得る 69,72
織物 161
オンライン・ショッピング 108

■か行■

171

索引

外装にとらわれない..............114
会話................................58
害を最小限.......................122
顔見知り...........................62
顔文字.............................60
鍵..................................62
書き言葉.........................147
革命................................44
過去の事例......................112
過食症............................87
価値ある情報....................12
価値観............................79
渦中から離れてみる............145
活字を目で追う.................126
活用できる能力.................167
金の亡者.....................86,90
紙という記録媒体...............130
紙に書いた文書.................134
考える..................129,135,138
感覚がマヒする.................105
黄色の鍵のマーク..............109
記憶する.........................129
記憶力...........................130
技術革新....................46,163
技術の熟練.....................161
基準..............................88
規則..............................88

貴重な情報......................105
気遣い...........................141
基本の心得......................54
基本理念........................73
気持ちの持ちよう...............98
行間を読む.....................126
拒食症...........................86
記録.............................133
警告の情報.....................106
計算する........................135
掲示板............................18
下品..............................92
検索エンジン....................45
検定試験........................37
高速処理........................136
個人情報........................109
コスト
　―が下がる....................75
　―を上げる....................76
　―を下げる....................72
言葉....................58,147,148
言葉を使って伝達..............119
コミュニケーションの3要素....58
コミュニケーションの道具......46
コンピュータのウイルス........101
コンピュータの処理速度......163

索引

■ さ行 ■

自衛 112
自我の欲求 79
時間と時計の関係 157
時間の長さ 156
思考 48
仕事 94
仕事の達成感 77
仕事を選ぶ3要素 99
自己の成長 77
事実と意見
　—とを区別 112
　—とを混同しない 114
刺繍 161
質の見極め 167
自分の足で歩く 98
自分の器 34
自分をごまかす 65
諸悪の原因 46
常識力 37
上品な人 91
情報 10
　—が溢れている社会 3
　—によって得をしたり、
　　損をしたりする 104
　—の価値 12, 140
　—の川 150, 151
　—の質 167
　—の収集 121, 139
　—の真偽 116
　—の真偽の検査 123
　—の真偽を判別 114
　—の信頼性 103
　—の信頼性を高める 108
　—の選択 105
　—の流れ 118, 140
　—の発信 147
　—の本質 147
　—を切り捨てる 105
　—を収集する者 124
　—を手渡しする 150
情報化 44
情報革命 44
情報化社会 2, 54, 150, 167
　—の特徴 3
　—を支える技術 5
情報化の波 44
情報技術 1
情報源 108, 125
情報検索する 121
情報収集 119
情報収集の達人 121
情報収集者 124

索引

情報伝達 159
情報発信 119
情報発信の方法 149
情報量 12
情報倫理 16,18
情報漏洩関連 132
証明書の有無 109
処理 119,129
処理の仕方 140
処理速度 163
真実の情報 105
人生の道しるべ 20
信念 145
新聞 126
図形 161
少し離れてみる 145
鋭い武器 59
正確に処理する 142
生活の基盤 84
生産性 77
　—が落ちる 76
　—のない仕事 144
精神的要素 77
精度を上げる 163
青年実業家 86
節度の基準 90
潜在的な知識 126

全世界の掲示板 56
想像力 61
そろばん 135
損得勘定 97

■ た行 ■

大切な情報 121
怠惰な時間 48
態度 58
対面 58
大容量データ 136
正しい道 64
他人の意見を聞く 115
他人を思いやる 61
楽しさ 96
段階的に区切る 160
小さな積み重ね 80
鳥瞰図 145
直接入力 111
罪の意識 144
辛いが楽しい 95
データベース 7
データを保管 163
手書きの情報 114
手書きの手紙 132
デジタル 154,160

索引

デジタル時計 155
デジタル人間 155,157
デジタル表現 160
デジタル方式 161,162
デジタル放送 154
鉄腕アトム 136
デマ 123
電子記憶媒体の長所 133
電子計算機 135
電子頭脳 135
電子的な記録媒体 130
転送 123
伝達方法 164
動機づけ要因 76,77,78,95,98
道具 46,137
　—の落とし穴 48
　—の力 50
　—を責める 46
　—を使う 53
同時処理 138
時の実態 156
時の本質 156
匿名 64
匿名性 108
時計という道具 156
泥かぶら 35
どんぶりのたとえ 24
どんぶり物の特徴 25

■ な行 ■

ない物ねだり 36
内容の確認 112
情けは人のためならず 167
成りすまし画面 109
ニート 84
日本語ブーム 148
日本常識力検定協会 37
人間
　—ができること 52
　—としての存在価値 52
　—としての品格 86,91
　—の考える能力 139
　—の幸せ 85
　—の情報収集方法 126
人間関係 62,63,87,115,119
人間関係の基本 61
人間性 64
人間性の問題 65
人間としての品格 91

■ は行 ■

ハーツバーグ 76

175

索引

媒体の密度 163
パスワード 55
場違い 31
発信 119
発信元の確認 108
話し方 58
話し言葉 147
バブル景気 85
バランス 92
バランスがとれる範囲 87
バランス感覚 30, 32
判断力の衰え 51
被害を拡大させない 63
ビジネス 94
　―に直結する 144
　―に結びついている 82
　―に結びつく 69, 74
ビジネスマナー 68, 144
人型ロボット 136
人の器 34
人の心遣い 32
人の知恵 116
人々の知恵の結集 116
表計算ソフト 136
表現 156
表現する方法 156
表情 58

品格のある人間 92
品質が向上 75
品質がよい 92
品質向上 162
品質保証 92
覆水盆に返らず 151
不特定多数 56
不満を持ちながら仕事をする ..76
不要な情報 121
フリーター 84
不良品を生み出す 76
ブログ 18
文章で補う 59
分析 48
ペット型ロボット 137
変化しないこと 22
変化しないもの 24
変化するもの 24
勉強不足 112
防犯機能 62
法律 89
ホームページ 55
ホームページの住所 110
ポリシー 145
本質 156
本当の問題解決 142
本や新聞の重要性 127

本や新聞を読む......................125
本来の業務目的.....................144

■ ま行 ■

マズロー...................................79
マナー........................68,83,90,98
　―に適っている行動............74
　―の基本.............................167
　―の達人...............................39
マネー....................................83
マネー・ゲーム......................85
自らの足で登った人...............97
道しるべ..................................20
身につく.................................37
無駄な情報............................105
無料......................................57
無料のソフト..........................57
メール.............................46,59
メールを使う資格...................61
目先の利益.............................73
目の端から入った情報..........126
目前にいる人々.....................150
目的.......................................69

■ や行 ■

やる気..............................77,79
有益な水..............................121
勇気....................................64
ユーザID..............................55
ユーザインターフェース..........6
豊かさの基盤.........................47
豊かな社会.............................84
よい人間関係.........................62
欲求5段階説.........................79

■ ら行 ■

利益を増やす.........................83
利用しようという気持ち......124
良心..............................90,145
倫理.....................16,19,22,26
倫理の受け渡し......................19
倫理を遵守.............................73
連続的に変化する................158
労働意欲...............................77
労働時間...............................97

■ わ行 ■

ワクチンプログラム..............101
悪口.......................................17

著者略歴

切田　節子（きりた　せつこ）
1969年　白百合女子大学英文科卒業
1970年　日本アイ・ビー・エム株式会社
1980年　同社（研修センター・インストラクター）
　　　　中型コンピュータの OS 関連講座担当
　　　　人材開発関連講座担当
2002年　玉川大学学術研究所講師（現在に至る）

著　書
「情報処理技術者試験最新図説二種用語集」（実教出版、共著）
「Microsoft® Office 2003 を使った情報リテラシーの基礎」（近代科学社、共著）

情報化社会のビジネスマナー
　　―社会に出てからあわてないために―

©2006 切田節子　　　　Printed in Japan
2006年 12月 25日 初版発行

著　者　切　田　節　子
発行者　千　葉　秀　一
発行所　株式会社 近代科学社

〒162-0843 東京都新宿区市ヶ谷田町 2-7-15
電話 03(3260)6161　　振替 00160-5-7625
http://www.kindaikagaku.co.jp

三美印刷（株）　　　　ISBN 4-7649-0333-4
定価はカバーに表示してあります。